Herausgegeben von Florian Radvan und Anne Steiner

Friedrich Schiller

Die Räuber

Ein Schauspiel

Bearbeitet von Judith Woll
und Ulrike von Thenen

LITERATHEK

Cornelsen

Literathek

Friedrich Schiller **Die Räuber**

Verlagsredaktion Detlef Langermann
Layout und technische Umsetzung Buchgestaltung+, Berlin
Umschlaggestaltung HOX designgroup, Kay Bach, Köln

Bildquelle akg-images (S. 6)

www.cornelsen.de

1. Auflage, 3. Druck 2018

Alle Drucke dieser Auflage sind inhaltlich unverändert und können im Unterricht nebeneinander verwendet werden.

Druck und Bindung: Livonia Print, Riga

ISBN 978-3-06-062929-9

Inhalt

Kurzbiografie 6

Die Räuber

Vorrede [zur ersten Auflage] 15

Erster Akt 21

Zweiter Akt 58

Dritter Akt 102

Vierter Akt 118

Fünfter Akt 154

Sachinformationen

Aufklärung 180

Räuberbanden 182

Sturm und Drang 184

Kurzbiografie

Friedrich Schiller

In Marbach, im Herzogtum Schwaben, wurde Johann Christoph Friedrich Schiller am 10. November 1759 geboren. Sein Vater, Johann Casper Schiller, war Bediensteter des Fürsten Karl Eugen in dessen Lustschloss in Ludwigsburg. Als sozialer Aufsteiger, erst Arbeiter, dann ausgebildeter Wundarzt in militärischen Diensten, später Hauptmann, leitete er dort erfolgreich auch die Hofgärten und Baumschulen des Herzogs.
Der junge Schiller verbrachte seine Kindheit in Marbach, Ludwigsburg und Lorch und besuchte, als Vorbereitung auf ein Studium der Theologie, eine Lateinschule in Ludwigsburg.
Der Landesfürst bestimmte Schillers weiteren akademischen Werdegang. Karl Eugen, der zunächst ein absolutistisches und schöngeistiges Leben nach dem Vorbild des französischen Hofes in Versailles führte, sich aber nach der Mode der Zeit am aufgeklärt herrschenden Friedrich II. orientierte, gründete eine eigene Bildungsanstalt, die Karlsschule. Ständeübergreifend wurde dort die Bildungselite des Fürstentums umfassend ausgebildet und erzogen und auch in den für den Fürsten gewichtigen Bildenden Künsten unterwiesen. Streng, autoritär und freiheitsfern war der Erziehungsstil. Dazu kam militärischer Drill. Schiller musste auf Wunsch Karl Eugens diese Schule besuchen, studierte dort von 1773 bis 1780 – zunächst Jura, später Medizin. Den jungen Schiller aber interessierte vor allem die Literatur. Im Geheimen beschäftigte er sich mit den Werken der Antike und den Dramen Shakespeares,

besonders aber mit den Texten der Aufklärung. Er las Rousseau und Voltaire. 1780 machte er seinen Abschluss im Fach Medizin und wurde zu einer gering besoldeten Tätigkeit als Regimentsarzt verpflichtet. In die Zeit seines Abschlusses fällt auch die Entstehung des Dramas *Die Räuber*. 1781 veröffentlichte Schiller dieses Werk, dessen erste Szenen bereits auf das Jahr 1777 zu datieren sind. In Stuttgart, dem Sitz der Militärakademie, erschienen *Die Räuber* auf Schillers eigene Kosten und, damals nicht unüblich, anonym. Er verschuldete sich für den Druck des Dramas.

Am 13. Januar 1782 wurden *Die Räuber* in Mannheim uraufgeführt. Das Stück erregte großes Aufsehen, obwohl es sowohl von Schiller selbst als auch vom Intendanten des Theaters umgeschrieben bzw. »entschärft« worden war. Kritik an den bestehenden Verhältnissen der Zeit, an politischer Willkürherrschaft und an der Kirche war populär in dieser Zeit, jedoch auch mutig.

Schiller wohnte der Uraufführung in Mannheim bei, allerdings ohne Erlaubnis seiner Vorgesetzten, und erlangte sofort Berühmtheit.

Nach einer zweiten unerlaubten Reise wurde er zu 14 Tagen Arrest verurteilt. Zudem untersagte der Fürst Schiller, sich außerhalb seines Fachs Medizin schriftstellerisch zu beschäftigen, was einem Schreibverbot gleichkam.

1782 floh Schiller aus Stuttgart; er erfüllte damit den Tatbestand der Desertion. Zunächst lebte er bei Freunden, war von seinen Tätigkeiten und seiner Familie abgeschnitten, zudem ohne Einkommen. Er machte weiterhin Schulden. 1783 erhielt er die Möglichkeit, in Mannheim als Theaterdichter zu arbeiten. Obgleich er sich in der Nähe zur Bühne wohl fühlte, blieb er bei dieser Tätigkeit selbst unzufrieden, kritisierte die Arbeit des Theaters. Seine eigenen Stücke, *Die Verschwörung des Fiesco zu Genua* (1783) und *Kabale und Liebe* (1784) waren erfolgreich, seine finanziellen Verhältnisse verbesserten sich jedoch nicht. Weiterhin hatte er Schulden. Zudem erkrankte er in Mannheim schwer an Malaria. Seit seiner Kindheit durch eine eher gesundheitlich schwächere Konstitution gekennzeichnet, erforderte seine Genesung viel Kraft, zumal er einen ausschweifenden Lebensstil pflegte und unermüdlich arbeitete. Hier und auch später versuchte Schiller, seine Kenntnisse als Arzt anzuwenden und sich selbst zu heilen, was ihm aber dauerhaft nicht gelang.

1784 verlieh ihm Herzog Carl August von Sachsen-Weimar, der zu Besuch in Mannheim war, nach einem Gespräch den Titel eines Weimarer Rates: Schiller war als Dichter anerkannt. In diese Zeit fällt auch die Begegnung Schillers mit Charlotte von Kalb. Sie – älter, verheiratet, adlig – war eine Verehrerin des Dichters. Beide pflegten von nun an eine intensive Freundschaft, die Schillers weiteres Leben prägte. Zudem war ihm nun ein Auftreten in anderen gesellschaftlichen Kreisen möglich.

Im August 1784 lief sein Vertrag über die Anstellung als Bühnenautor in Mannheim aus und wurde nicht verlängert. Schiller lernte durch Briefkontakt Christian Gottfried Körner kennen, mit dem ihn fortan eine lebenslange Freundschaft verband. Durch dessen Unterstützung konnte er sich von 1785 bis 1787 in Leipzig und Dresden aufhalten. Er ließ sich fördern, auch Körners Beteiligung an dem Verlagshaus Göschen kam ihm zu Gute. Sein Drama *Don Carlos* wurde 1787 bei Göschen veröffentlicht. Dieses Drama, mit dem Schiller selbst unzufrieden blieb, wurde zu seinen Lebzeiten kein großer Erfolg.

1787 zog Schiller nach Weimar. Die Residenzstadt des Herzogs Carl August galt als ein literarisches Zentrum Deutschlands. Wieland, Herder und vor allem Goethe lebten hier. Schiller hoffte auf Unterstützung durch den Herzog. Zudem hielt Charlotte von Kalb sich in Weimar auf. Die Reaktionen in Weimar auf die Anwesenheit Schillers blieben jedoch verhalten. Bekenntnisse zu Schillers Kritik an Herrschaftsverhältnissen blieben aus, Goethe distanzierte sich, jedoch nicht offen. Weiterhin lebte Schiller in Geldnot, war auf seine Mäzene, besonders Körner, angewiesen. Schiller veröffentlichte in Wielands Zeitschrift *Der Teutsche Merkur* die *Geschichte des Abfalls der vereinigten Niederlande,* eine historische Arbeit. Weitere Schriften und Gedichte folgten. Der Fragment gebliebene Roman *Der Geisterseher,* erstmals in Schillers Zeitschrift *Thalia* gedruckt, wurde sein größter Erfolg. Im Juni 1789 wurde Schiller eine Professur für Geschichte in Jena angeboten. Bis zum Januar 1791 lehrte er dort ohne ein festes Gehalt der Universität. Er erhielt lediglich »Kollegiengelder« von seinen Studenten sowie die Einnahmen aus der Veröffentlichung seiner Vorlesungen. 1790 heiratete Schiller Charlotte von Lengefeld. 1791 erkrankte er schwer an einem Lungenleiden und musste seine Lehrtätigkeit aufgeben. Schiller begann sich mit der Philosophie Immanuel Kants zu beschäftigen, Mäzene aus Dänemark unterstützten ihn finanziell. Er schrieb kunsttheoretische Aufsätze *Über Anmut und Würde* (1793), *Über die ästhetische Erziehung des Menschen* (1795). 1792 wurde ihm das französische Bürgerrecht verliehen.

1794 kamen sich Schiller und Goethe näher. Es entwickelte sich eine enge Freundschaft, in der sich beide als Künstler gegenseitig zu beiderseitigem Vorteil beeinflussten. Schiller selbst wurde Herausgeber einer Zeitschrift, *Die Horen*. Er schrieb Balladen, 1796 bis 1799 entstand die *Wallenstein-Trilogie*. 1799 zog Schiller wieder nach Weimar, war am Hoftheater tätig. 1799 entstand *Das Lied von der Glocke,* in den darauffolgenden Jahren *Maria Stuart* (1800), die *Jungfrau von Orleans* (1801), *Sehnsucht* (1801), *Die Braut von Messina* (1803), 1804 schließlich *Wilhelm Tell*. Schiller wurde gelesen, gespielt, als Autor gut bezahlt. Dennoch, durch den Kauf des »Schillerhauses« in Weimar war er verschuldet. Diese Schulden konnte er trotz seines Ruhmes nicht tilgen. Schiller wurde

1802 in den Adelsstand erhoben. Er starb 1805 an einer Lungenentzündung.

Literatur

Damm, Sigrid: Das Leben des Friedrich Schiller.
Frankfurt a. M. und Leipzig: Insel Verlag 2004.

Gutzen, Dieter; Oellers, Norbert; Petersen, Jürgen H.: Einführung in die neuere deutsche Literaturwissenschaft. Ein Arbeitsbuch.
Berlin: Erich Schmidt Verlag 1989.

Jens, Walter (Hrsg.): Kindlers Neues Literatur-Lexikon. Bd. 14.
München: Kindler Verlag 1996.

Pilling, Claudia; Schilling, Diana; Springer, Mirjam: Friedrich Schiller.
Reinbek bei Hamburg: Rowohlt Taschenbuch Verlag 2002.

Rötzer, Hans Gerd: Geschichte der deutschen Literatur. Epochen – Autoren – Werke. Bamberg: C. C. Buchners Verlag 1992.

Safranski, Rüdiger: Schiller oder Die Erfindung des Deutschen Idealismus.
München und Wien: Carl Hanser Verlag 2004.

Friedrich Schiller

Die Räuber

Ein Schauspiel

Vorrede [zur ersten Auflage]

Man nehme dieses Schauspiel für nichts anders als eine dramatische Geschichte, die die Vorteile der dramatischen Methode, die Seele gleichsam bei ihren geheimsten Operationen zu ertappen, benutzt, ohne sich übrigens in die Schranken eines Theaterstücks einzuzäunen, oder nach dem so zweifelhaften Gewinn bei theatralischer Verkörperung zu geizen. Man wird mir einräumen, dass es eine widersinnige Zumutung ist, binnen drei Stunden drei außerordentliche Menschen zu erschöpfen, deren Tätigkeit von vielleicht tausend Räderchen abhängt, so wie es in der Natur der Dinge unmöglich kann gegründet sein, dass sich drei außerordentliche Menschen auch dem durchdringendsten Geisterkenner innerhalb vierundzwanzig Stunden entblößen. Hier war Fülle ineinander gedrungener Realitäten vorhanden, die ich unmöglich in die allzu engen Palisaden des Aristoteles und Batteux einkeilen konnte. Nun ist es aber nicht sowohl die Masse meines Schauspiels als vielmehr sein Inhalt, der es von der Bühne verbannet. Die Ökonomie desselben machte es notwendig, dass mancher Charakter auftreten musste, der das feinere Gefühl der Tugend beleidigt und die Zärtlichkeit unserer Sitten empört. Jeder Menschenmaler ist in diese Notwendigkeit eingesetzt, wenn er anders eine Kopie der wirklichen Welt und keine idealischen Affektationen, keine Kompendienmenschen will geliefert haben. Es ist einmal so die Mode in der Welt, dass die Guten durch die Bösen schattiert werden und die Tugend im Kontrast mit dem Laster das lebendigste Kolorit erhält. Wer sich den Zweck vorgezeichnet hat, das Laster zu stürzen und Religion, Moral und bürgerliche Gesetze an ihren Feinden zu rächen, ein solcher muss das Laster in seiner nackten Abscheulichkeit enthüllen und in seiner kolossalischen Größe vor das Auge der

Aristoteles: (384–322 v. Chr.), griech. Philosoph

Charles Batteux: (1713–1780), franz. Ästhetiker

Affektation: Affektiertheit, *hier* Zuneigung

Kompendienmensch: Menschen, die nach »Lehrbuch« funktionieren

Menschheit stellen, – er selbst muss augenblicklich seine nächtlichen Labyrinthe durchwandern, – er muss sich in Empfindungen hineinzuzwingen wissen, unter deren Widernatürlichkeit sich seine Seele sträubt.
Das Laster wird hier mitsamt seinem ganzen innern Räderwerk entfaltet. Es löst in Franzen alle die verworrenen Schauer des Gewissens in ohnmächtige Abstraktionen auf, skelettisiert die richtende Empfindung und scherzt die ernsthafte Stimme der Religion hinweg. Wer es einmal so weit gebracht hat (ein Ruhm, den wir ihm nicht beneiden), seinen Verstand auf Unkosten seines Herzens zu verfeinern, dem ist das Heiligste nicht heilig mehr – dem ist die Menschheit, die Gottheit nichts – Beide Welten sind nichts in seinen Augen. Ich habe versucht, von einem Missmenschen dieser Art ein treffendes lebendiges Konterfei hinzuwerfen, die vollständige Mechanik seines Lastersystems auseinander zu gliedern – und ihre Kraft an der Wahrheit zu prüfen. Man unterrichte sich demnach im Verfolg dieser Geschichte, wie weit ihr's gelungen hat. – Ich denke, ich habe die Natur getroffen.
Nächst an diesem stehet ein anderer, der vielleicht nicht wenige meiner Leser in Verlegenheit setzen möchte. Ein Geist, den das äußerste Laster nur reizet um der G r ö ß e willen, die ihm anhänget; um der K r a f t willen, die es erheischet; um der G e f a h r e n willen, die es begleiten. Ein merkwürdiger, wichtiger Mensch, ausgestattet mit aller Kraft, nach der Richtung, die diese bekömmt, notwendig entweder ein Brutus oder ein Catilina zu werden. Unglückliche Konjunkturen entscheiden für das Zweite, und erst am Ende einer ungeheuren Verirrung gelangt er zu dem Ersten. Falsche Begriffe von Tätigkeit und Einfluss, Fülle von Kraft, die alle Gesetze übersprudelt, mussten sich natürlicher Weise an bürgerlichen Verhältnissen zerschlagen, und zu diesen enthusiastischen Träumen von Größe und

Konterfei: Gesicht, Abbild

ein Brutus oder ein Catilina: Gestalten der römischen Geschichte, *hier* Mörder oder Verschwörer

Konjunktur: *hier* Einfluss

Wirksamkeit durfte sich nur eine Bitterkeit gegen die unidealische Welt gesellen, so war der seltsame Don Quixote fertig, den wir im Räuber Moor verabscheuen und lieben, bewundern und bedauern. Ich werde es hoffentlich nicht erst anmerken dörfen, dass ich dieses Gemälde so wenig nur allein Räubern vorbehalte, als die Satire des Spaniers nur allein Ritter geißelt.

Auch ist itzo der großе Geschmack, seinen Witz auf Kosten der Religion spielen zu lassen, dass man beinahe für kein Genie mehr passiert, wenn man nicht seinen gottlosen Satyr auf ihren heiligsten Wahrheiten sich herumtummeln lässt. Die edle Einfalt der Schrift muss sich in alltäglichen Assembleen von den sogenannten witzigen Köpfen misshandeln und ins Lächerliche verzerren lassen; denn was ist so heilig und ernsthaft, das, wenn man es falsch verdreht, nicht belacht werden kann? – Ich kann hoffen, dass ich der Religion und der wahren Moral keine gemeine Rache verschafft habe, wenn ich diese mutwilligen Schriftverächter in der Person meiner schändlichsten Räuber dem Abscheu der Welt überliefere.

Aber noch mehr. Diese unmoralische Charaktere, von denen vorhin gesprochen wurde, mussten von gewissen Seiten glänzen, ja oft von Seiten des Geistes gewinnen, was sie von Seiten des Herzens verlieren. Hierin habe ich nur die Natur gleichsam wörtlich abgeschrieben. Jedem, auch dem Lasterhaftesten, ist gewissermaßen der Stempel des göttlichen Ebenbildes aufgedrückt, und vielleicht hat der große Bösewicht keinen so weiten Weg zum großen Rechtschaffenen als der kleine; denn die Moralität hält gleichen Gang mit den Kräften, und je weiter die Fähigkeit, desto weiter und ungeheuerer ihre Verirrung, desto imputabler ihre Verfälschung.

Klopstocks Adramelech weckt in uns eine Empfindung, worin Bewunderung in Abscheu schmilzt. Miltons Satan

Don Quixote: Gestalt von Miguel de Cervantes Saavedra, *hier* närrischer Abenteurer

Witz: *hier* Geist

Assemblée: Abendgesellschaft

imputabel: aufrechenbar, zuschreiben

Klopstocks Adramelech: Gestalt aus dem *Messias*, Teufel

Miltons Satan: Figur aus John Miltons *Paradise Lost* (1667)

folgen wir mit schauderndem Erstaunen durch das unwegsame Chaos. Die Medea der alten Dramatiker bleibt bei allen ihren Gräueln noch ein so großes, staunenswürdiges Weib, und Shakespeares Richard hat so gewiss am Leser einen Bewunderer, als er auch ihn hassen würde, wenn er ihm vor der Sonne stünde. Wenn es mir darum zu tun ist, ganze Menschen hinzustellen, so muss ich auch ihre Vollkommenheiten mitnehmen, die auch dem Bösesten nie ganz fehlen. Wenn ich vor dem Tiger gewarnt haben will, so darf ich seine schöne blendende Fleckenhaut nicht übergehen, damit man nicht den Tiger beim Tiger vermisse. Auch ist ein Mensch, der ganz Bosheit ist, schlechterdings kein Gegenstand der Kunst und äußert eine zurückstoßende Kraft, statt dass er die Aufmerksamkeit der Leser fesseln sollte. Man würde umblättern, wenn er redet. Eine edle Seele erträgt so wenig anhaltende moralische Dissonanzen, als das Ohr das Gekritzel eines Messers auf Glas.

Aber eben darum will ich selbst missraten haben, dieses mein Schauspiel auf der Bühne zu wagen. Es gehört beiderseits, beim Dichter und seinem Leser, schon ein gewisser Gehalt von Geisteskraft dazu; bei jenem, dass er das Laster nicht ziere, bei diesem, dass er sich nicht von einer schönen Seite bestechen lasse, auch den hässlichen Grund zu schätzen. Meinerseits entscheide ein Dritter – aber von meinen Lesern bin ich es nicht ganz versichert. Der Pöbel, worunter ich keineswegs die Gassenkehrer allein will verstanden wissen, der Pöbel wurzelt (unter uns gesagt) weit um und gibt zum Unglück – den Ton an. Zu kurzsichtig, mein Ganzes auszureichen, zu kleingeistisch, mein Großes zu begreifen, zu boshaft, mein Gutes wissen zu wollen, wird er, fürcht' ich, fast meine Absicht vereiteln, wird vielleicht eine Apologie des Lasters, das ich stürze, darin zu finden meinen und seine eigene

Medea: griech. mytholog. Figur, Zauberin, die ihre Söhne vergiftete

Shakespeares Richard: Titelfigur aus *Richard III.*, tyrannischer Herrscher in England

Gassenkehrer: Straßenfeger

Apologie: Verteidigung

Einfalt den armen Dichter entgelten lassen, dem man gemeiniglich alles, nur nicht Gerechtigkeit widerfahren lässt. Es ist das ewige Dacapo mit Abdera und Demokrit, und unsere guten Hippokrate müssten ganze Plantagen Nieswurz erschöpfen, wenn sie dem Unwesen durch ein heilsames Dekokt abhelfen wollten. Noch so viele Freunde der Wahrheit mögen zusammenstehen, ihren Mitbürgern auf Kanzel und Schaubühne Schule zu halten, der Pöbel hört nie auf, Pöbel zu sein, und wenn Sonne und Mond sich wandeln, und Himmel und Erde veralten wie ein Kleid. Vielleicht hätt' ich, den Schwachherzigen zu frommen, der Natur minder getreu sein sollen; aber wenn jener Käfer, den wir alle kennen, auch den Mist aus den Perlen stört, wenn man Exempel hat, dass Feuer verbrannt und Wasser ersäuft habe, soll darum Perle – Feuer – und Wasser konfisziert werden?

Ich darf meiner Schrift, zufolge ihrer merkwürdigen Katastrophe, mit Recht einen Platz unter den moralischen Büchern versprechen; das Laster nimmt den Ausgang, der seiner würdig ist. Der Verirrte tritt wieder in das Geleise der Gesetze. Die Tugend geht siegend davon. Wer nur so billig gegen mich handelt, mich ganz zu lesen, mich verstehen zu wollen, von dem kann ich erwarten, dass er – nicht den Dichter bewundere, aber den rechtschaffenen Mann in mir hochschätze.

Geschrieben in der Ostermesse. 1781.
Der Herausgeber.

da capo:
Wiederholung

Abdera:
Stadt in Griechenland, Heimat des Philosophen Demokrit. Dieser kämpfte angeblich mit Nieswurz gegen die Einfältigkeit der Abderiten (ein Pendant zu den *Schildbürgern*) an.

Dekokt:
Arznei, die durch Kochen von Kräutern oder Wurzeln hergestellt wird

Hippocrates
Quæ medicamenta non sanant, ferrum sanat,
quæ ferrum non sanat, ignis sanat.

Hippocrates: griech. Arzt (460–370 v. Chr.)

Was Heilmittel nicht heilen, heilt das Eisen, was das Eisen nicht heilt, heilt die Flamme.

Personen:

MAXIMILIAN, regierender Graf von Moor
KARL
FRANZ seine Söhne
AMALIA VON EDELREICH

SPIEGELBERG , Libertiner, nachher Banditen.
SCHWEIZER
GRIMM
RAZMANN
SCHUFTERLE
ROLLER
KOSINSKI
SCHWARZ
HERMANN, Bastard von einem Edelmann.
DANIEL, Hausknecht des Grafen von Moor.

Libertiner: *hier* Schüler, Studenten

Bastard: uneheliches Kind

PASTOR MOSER
EIN PATER

RÄUBERBANDE
NEBENPERSONEN

Der Ort der Geschichte ist Teutschland,
die Zeit ohngefähr zwei Jahre.

Erster Akt

Erste Szene

Franken. Saal im Moorischen Schloss.
Franz. Der alte Moor.

FRANZ: Aber ist Euch auch wohl, Vater? Ihr seht so blass.

DER ALTE MOOR: Ganz wohl, mein Sohn, – was hattest du mir zu sagen?

FRANZ: Die Post ist angekommen – ein Brief von unserm Korrespondenten in Leipzig –

Korrespondent: Berichterstatter

DER ALTE MOOR *(begierig)*: Nachrichten von meinem Sohne Karl?

FRANZ: Hm! Hm! – So ist es. Aber ich fürchte – ich weiß nicht – ob ich – Eurer Gesundheit? – Ist Euch wirklich ganz wohl, mein Vater?

DER ALTE MOOR: Wie dem Fisch im Wasser! Von meinem Sohne schreibt er? – Wie kommst du zu dieser Besorgnis? Du hast mich zweimal gefragt.

FRANZ: Wenn Ihr krank seid – nur die leiseste Ahnung habt, es zu werden, so lasst mich – ich will zu gelegnerer Zeit zu Euch reden. *(Halb vor sich.)* Diese Zeitung ist nicht für einen zerbrechlichen Körper.

Zeitung: Nachricht

DER ALTE MOOR: Gott! Gott! was werd' ich hören?

FRANZ: Lasst mich vorerst auf die Seite gehn und eine Träne des Mitleids vergießen um meinen verlornen Bruder – ich sollte schweigen auf ewig – denn er ist Euer Sohn; ich sollte seine Schande verhüllen auf ewig – denn er ist mein Bruder. – Aber Euch gehorchen, ist meine erste, traurige Pflicht – darum vergebt mir.

DER ALTE MOOR: O Karl! Karl! Wüsstest du, wie deine Aufführung das Vaterherz foltert! Wie eine einzige frohe Nachricht von dir meinem Leben zehen Jahre zusetzen

Aufführung: Benehmen

zehen: zehn

würde – mich zum Jüngling machen würde – da mich nun jede, ach! – einen Schritt näher ans Grab rückt!

FRANZ: Ist es das, alter Mann, so lebt wohl – wir alle würden noch heute die Haare ausraufen über Eurem Sarge.

DER ALTE MOOR: Bleib! – Es ist noch um den kleinen kurzen Schritt zu tun – lass ihm seinen Willen! *(Indem er sich niedersetzt.)* Die Sünden seiner Väter werden heimgesucht im dritten und vierten Glied – lass ihn's vollenden.

FRANZ *(nimmt den Brief aus der Tasche)*: Ihr kennt unsern Korrespondenten! Seht! den Finger meiner rechten Hand wollt' ich drum geben, dürft' ich sagen, er ist ein Lügner, ein schwarzer, giftiger Lügner – – Fasst Euch! Ihr vergebt mir, wenn ich Euch den Brief nicht selbst lesen lasse – noch dörft Ihr nicht alles hören.

DER ALTE MOOR: Alles, alles – mein Sohn, du ersparst mir die Krücke.

FRANZ *(liest)*: »Leipzig, vom 1. Mai. – Verbände mich nicht eine unverbrüchliche Zusage, dir auch nicht das Geringste zu verhehlen, was ich von den Schicksalen deines Bruders auffangen kann, liebster Freund, nimmermehr würde meine unschuldige Feder an dir zur Tyrannin geworden sein. Ich kann aus hundert Briefen von dir abnehmen, wie Nachrichten dieser Art dein brüderliches Herz durchbohren müssen, mir ist's, als säh' ich dich schon um den Nichtswürdigen, den Abscheulichen«– – *(Der alte Moor verbirgt sein Gesicht.)* Seht, Vater! ich lese Euch nur das Glimpflichste – »den Abscheulichen in tausend Tränen ergossen;«– ach, sie flossen – stürzten stromweis von dieser mitleidigen Wange – »mir ist's, als säh' ich schon deinen alten, frommen Vater totenbleich« – Jesus Maria! Ihr seid's, eh Ihr noch das Mindeste wisset?

abnehmen: entnehmen

DER ALTE MOOR: Weiter! Weiter!

FRANZ: »Totenbleich in seinen Stuhl zurücktaumeln und dem Tage fluchen, an dem ihm zum ersten Mal Vater entgegengestammelt ward. Man hat mir nicht alles entdecken mögen, und von dem wenigen, das ich weiß, erfährst du nur weniges. Dein Bruder scheint nun das Maß seiner Schande erfüllt zu haben; ich wenigstens kenne nichts über dem, was er wirklich erreicht hat, wenn nicht sein Genie das meinige hierin übersteigt. Gestern um Mitternacht hatte er den großen Entschluss, nach vierzigtausend Dukaten Schulden« – ein hübsches Taschengeld, Vater! – »nachdem er zuvor die Tochter eines reichen Bankiers allhier entjungfert und ihren Galan, einen braven Jungen von Stand, im Duell auf den Tod verwundet, mit sieben andern, die er mit in sein Luderleben gezogen, dem Arm der Justiz zu entlaufen« – Vater! Um Gotteswillen, Vater! Wie wird Euch?

Dukaten: Goldmünze

Galan: Liebhaber *hier* Bräutigam

DER ALTE MOOR: Es ist genug. – Lass ab, mein Sohn!

FRANZ: Ich schone Eurer – »Man hat ihm Steckbriefe nachgeschickt, die Beleidigte schreien laut um Genugtuung, ein Preis ist auf seinen Kopf gesetzt – der Name Moor« – Nein! meine arme Lippen sollen nimmermehr einen Vater ermorden! *(Zerreißt den Brief.)* Glaubt es nicht, Vater! glaubt ihm keine Silbe!

DER ALTE MOOR *(weint bitterlich)*: Mein Name! Mein ehrlicher Name!

FRANZ *(fällt ihm um den Hals)*: Schändlicher, dreimal schändlicher Karl! Ahndete mir's nicht, da er, noch ein Knabe, den Mädels so nachschlenderte, mit Gassenjungen und elendem Gesindel auf Wiesen und Wegen sich herumhetzte, den Anblick der Kirche, wie ein Missetäter das Gefängnis, floh, und die Pfennige, die er Euch abquälte, dem ersten dem besten Bettler in den Hut warf, während dass wir daheim mit frommen Gebeten und heiligen Predigtbüchern uns erbauten? – Ahndete

Predigtbuch: Buch mit Predigten

mir's nicht, da er die Abenteuer des Julius Cäsar und Alexander Magnus und anderer stockfinsterer Heiden lieber las als die Geschichte des bußfertigen Tobias? – Hundertmal hab ich's Euch geweissagt, denn meine Liebe zu ihm war immer in den Schranken der kindlichen Pflicht, – der Junge wird uns alle noch in Elend und Schande stürzen! – O dass er Moors Namen nicht trüge! dass mein Herz nicht so warm für ihn schlüge! Die gottlose Liebe, die ich nicht vertilgen kann, wird mich noch einmal vor Gottes Richterstuhl anklagen.

DER ALTE MOOR: Oh – meine Aussichten! Meine goldenen Träume!

FRANZ: Das weiß ich wohl. Das ist es ja, was ich eben sagte. Der feurige Geist, der in dem Buben lodert, sagtet Ihr immer, der ihn für jeden Reiz von Größe und Schönheit so empfindlich macht; diese Offenheit, die seine Seele auf dem Auge spiegelt, diese Weichheit des Gefühls, die ihn bei jedem Leiden in weinende Sympathie dahinschmelzt, dieser männliche Mut, der ihn auf den Wipfel hundertjähriger Eichen treibet und über Gräben und Palisaden und reißende Flüsse jagt, dieser kindliche Ehrgeiz, dieser unüberwindliche Starrsinn und alle diese schöne, glänzende Tugenden, die im Vatersöhnchen keimten, werden ihn dereinst zu einem warmen Freund eines Freundes, zu einem trefflichen Bürger, zu einem Helden, zu einem großen, großen Manne machen – Seht Ihr's nun, Vater! – der feurige Geist hat sich entwickelt, ausgebreitet, herrliche Früchte hat er getragen. Seht diese Offenheit, wie hübsch sie sich zur Frechheit herumgedreht hat; seht diese Weichheit, wie zärtlich sie für Koketten girret, wie so empfindsam für die Reize einer Phryne! Seht dieses feurige Genie, wie es das Öl seines Lebens in sechs Jährchen so rein weggebrannt hat, dass er bei lebendigem Leibe umgeht, und da kommen

Alexander Magnus: Alexander der Große (356–323 v. Chr.)

Geschichte des bußfertigen Tobias: Geschichte des frommen, gottgläubigen Tobias aus dem Buch Tobit des Alten Testament

Palisade: Pfahlzaun

Koketten: schöne Frauen

girret: gurrt (wie eine Taube)

Phryne: für ihre Schönheit gerühmte griechische Hetäre im 4. Jh.

die Leute und sind so unverschämt und sagen: c'est l'amour qui a fait ça! Ah! seht doch diesen kühnen, unternehmenden Kopf, wie er Plane schmiedet und ausführt, vor denen die Heldentaten eines Cartouches und Howards verschwinden! – Und wenn erst diese prächtigen Keime zur vollen Reife erwachsen, – was lässt sich auch von einem so zarten Alter Vollkommenes erwarten? – Vielleicht, Vater, erlebet Ihr noch die Freude, ihn an der Fronte eines Heeres zu erblicken, das in der heiligen Stille der Wälder residieret, und dem müden Wanderer seine Reise um die Hälfte der Bürde erleichtert – vielleicht könnt Ihr noch, eh Ihr zu Grabe geht, eine Wallfahrt nach seinem Monumente tun, das er sich zwischen Himmel und Erden errichtet – vielleicht, o Vater, Vater, Vater – seht Euch nach einem andern Namen um, sonst deuten Krämer und Gassenjungen mit Fingern auf Euch, die Euren Herrn Sohn auf dem Leipziger Marktplatz im Porträt gesehen haben.

c'est l'amour qui a fait ça!: Die Liebe hat das gemacht!

Cartouches und Howards: berüchtigte Räuberhauptmänner

Fronte: Gefechtslinie

im Porträt: auf einem Steckbrief

DER ALTE MOOR: Und auch du, mein Franz, auch du? O meine Kinder! wie sie nach meinem Herzen zielen!

FRANZ: Ihr seht, ich kann auch witzig sein; aber mein Witz ist Skorpionstich. – Und dann der trockne Alltagsmensch, der kalte, hölzerne Franz, und wie die Titelchen alle heißen mögen, die Euch der Kontrast zwischen ihm und mir mocht' eingegeben haben, wenn er Euch auf dem Schoße saß oder in die Backen zwickte – der wird einmal zwischen seinen Grenzsteinen sterben, und modern und vergessen werden, wenn der Ruhm dieses Universalkopfs von einem Pole zum andern fliegt – Ha! mit gefaltnen Händen dankt dir, o Himmel! der kalte, trockne, hölzerne Franz – dass er nicht ist wie dieser!

DER ALTE MOOR: Vergib mir, mein Kind; zürne nicht auf einen Vater, der sich in seinen Planen betrogen findet.

Der Gott, der mir durch Karln Tränen zusendet, wird sie durch dich, mein Franz, aus meinen Augen wischen.

FRANZ: Ja, Vater, aus Euren Augen soll er sie wischen. Euer Franz wird sein Leben dran setzen, das Eurige zu verlängern. Euer Leben ist das Orakel, das ich vor allem zu Rate ziehe über dem, was ich tun will, der Spiegel, durch den ich alles betrachte – keine Pflicht ist mir so heilig, die ich nicht zu brechen bereit bin, wenn's um Euer kostbares Leben zu tun ist. – Ihr glaubt mir das?

Orakel: Göttersspruch, gültige Wahrheit

DER ALTE MOOR: Du hast noch große Pflichten auf dir, mein Sohn – Gott segne dich für das, was du mir warst und sein wirst!

FRANZ: Nun sagt mir einmal – Wenn Ihr diesen Sohn nicht den Euren nennen müsstet, Ihr wärt ein glücklicher Mann?

DER ALTE MOOR: Stille! o stille! Da ihn die Wehmutter mir brachte, hub ich ihn gen Himmel und rief: Bin ich nicht ein glücklicher Mann?

Wehmutter: Hebamme

FRANZ: Das sagtet ihr. Nun, habt Ihr's gefunden? Ihr beneidet den schlechtesten Eurer Bauren, dass er nicht Vater ist zu diesem – Ihr habt Kummer, solang Ihr diesen Sohn habt. Dieser Kummer wird wachsen mit Karln. Dieser Kummer wird Euer Leben untergraben.

schlecht: *hier* schlicht, einfach

Bauren: Bauern

DER ALTE MOOR: Oh! er hat mich zu einem achtzigjährigen Manne gemacht.

FRANZ: Nun also – wenn Ihr dieses Sohnes Euch entäußertet?

DER ALTE MOOR *(auffahrend)*: Franz! Franz! was sagst du?

FRANZ: Ist es nicht diese Liebe zu ihm, die Euch all den Gram macht? Ohne diese Liebe ist er für Euch nicht da. Ohne diese strafbare, diese verdammliche Liebe ist er Euch gestorben – ist er Euch nie geboren. Nicht Fleisch und Blut, das Herz macht uns zu Vätern und Söhnen. Liebt Ihr ihn nicht mehr, so ist diese Abart auch Euer

verdammlich: verdammungswürdig

Sohn nicht mehr, und wär' er aus Eurem Fleische geschnitten. Er ist Euer Augapfel gewesen bisher, nun aber, ärgert dich dein Auge, sagt die Schrift, so reiß es aus. Es ist besser, einäugig gen Himmel, als mit zwei Augen in die Hölle. Es ist besser, kinderlos gen Himmel, als wenn beide, Vater und Sohn, in die Hölle fahren. So spricht die Gottheit!

DER ALTE MOOR: Du willst, ich soll meinen Sohn verfluchen?

FRANZ: Nicht doch! nicht doch! – Euren Sohn sollt Ihr nicht verfluchen. Was heißt Ihr Euren Sohn? – dem Ihr das Leben gegeben habt, wenn er sich auch alle ersinnliche Mühe gibt, das Eurige zu verkürzen?

DER ALTE MOOR: Oh, das ist allzuwahr! das ist ein Gericht über mich. Der Herr hat's ihm geheißen.

FRANZ: Seht Ihr's, wie kindlich Euer Busenkind an Euch handelt. Durch Eure väterliche Teilnehmung erwürgt er Euch, mordet Euch durch Eure Liebe, hat Euer Vaterherz selbst bestochen, Euch den Garaus zu machen. Seid Ihr einmal nicht mehr, so ist er Herr Eurer Güter, König seiner Triebe. Der Damm ist weg; und der Strom seiner Lüste kann itzt freier dahinbrausen. Denkt Euch einmal an seine Stelle! Wie oft muss er den Vater unter die Erde wünschen – wie oft den Bruder – die ihm im Lauf seiner Exzesse so unbarmherzig im Weg stehen? Ist das aber Liebe gegen Liebe? Ist das kindliche Dankbarkeit gegen väterliche Milde? Wenn er dem geilen Kitzel eines Augenblicks zehn Jahre Eures Lebens aufopfert? Wenn er den Ruhm seiner Väter, der sich schon sieben Jahrhunderte unbefleckt erhalten hat, in e i n e r wollüstigen Minute aufs Spiel setzt? Heißt Ihr das Euren Sohn? Antwortet! Heißt Ihr das einen Sohn?

Busenkind: Lieblingskind

Exzess: Ausschweifung

DER ALTE MOOR: Ein unzärtliches Kind! ach! aber mein Kind doch! mein Kind doch!

FRANZ: Ein allerliebstes, köstliches Kind, dessen ewiges Studium ist, keinen Vater zu haben – O dass Ihr's begreifen lerntet! dass Euch die Schuppen fielen vom Auge! Aber Eure Nachsicht muss ihn in seinen Liederlichkeiten befestigen; Euer Vorschub ihnen Rechtmäßigkeit geben. Ihr werdet freilich den Fluch von seinem Haupte laden, auf Euch, Vater, auf Euch wird der Fluch der Verdammnis fallen.

Studium: Bemühen

Vorschub: Unterstützung, Begünstigung

DER ALTE MOOR: Gerecht! sehr gerecht! – Mein, mein ist alle Schuld!

FRANZ: Wie viele Tausende, die voll sich gesoffen haben vom Becher der Wollust, sind durch Leiden gebessert worden. Und ist nicht der körperliche Schmerz, der jedes Übermaß begleitet, ein Fingerzeig des göttlichen Willens? Sollte ihn der Mensch durch seine grausame Zärtlichkeit verkehren? Soll der Vater das ihm anvertraute Pfand auf ewig zu Grund richten? – Bedenkt, Vater, wenn Ihr ihn seinem Elend auf einige Zeit preisgeben werdet, wird er nicht entweder umkehren müssen und sich bessern? oder er wird auch in der großen Schule des Elends ein Schurke bleiben, und dann – wehe dem Vater, der die Ratschlüsse einer höheren Weisheit durch Verzärtlung zernichtet! – Nun, Vater?

zernichtet: vernichtet

DER ALTE MOOR: Ich will ihm schreiben, dass ich meine Hand von ihm wende.

FRANZ: Da tut Ihr recht und klug daran.

DER ALTE MOOR: Dass er nimmer vor meine Augen komme.

FRANZ: Das wird eine heilsame Wirkung tun.

DER ALTE MOOR *(zärtlich)*: Bis er anders worden.

FRANZ: Schon recht! schon recht – Aber, wenn er nun kommt mit der Larve des Heuchlers, Euer Mitleid erweint, Eure Vergebung sich erschmeichelt und morgen hingeht und Eurer Schwachheit spottet im Arm seiner

Larve: Maske

Huren? – Nein, Vater! Er wird freiwillig wiederkehren, wenn ihn sein Gewissen rein gesprochen hat.

DER ALTE MOOR: So will ich ihm das auf der Stelle schreiben.

FRANZ: Halt! noch ein Wort, Vater! Eure Entrüstung, fürchte ich, möchte Euch zu harte Worte in die Feder werfen, die ihm das Herz zerspalten würden – und dann – glaubt Ihr nicht, dass er das schon für Verzeihung nehmen werde, wenn Ihr ihn noch eines eigenhändigen Schreibens wert haltet? Darum wird's besser sein, Ihr überlasst das Schreiben mir.

DER ALTE MOOR: Tu das, mein Sohn. – Ach! es hätte mir doch das Herz gebrochen! Schreib ihm – –

FRANZ *(schnell)*: Dabei bleibt's also?

DER ALTE MOOR: Schreib ihm, dass ich tausend blutige Tränen, tausend schlaflose Nächte – Aber bring meinen Sohn nicht zur Verzweiflung!

FRANZ: Wollt Ihr Euch nicht zu Bette legen, Vater? Es griff Euch hart an.

DER ALTE MOOR: Schreib ihm, dass die väterliche Brust – ich sage dir, bring meinen Sohn nicht zur Verzweiflung. *(Geht traurig ab.)*

FRANZ *(mit Lachen ihm nachsehend):* Tröste dich, Alter, du wirst ihn nimmer an diese Brust drücken; der Weg dazu ist ihm verrammelt, wie der Himmel der Hölle – Er war aus deinen Armen gerissen, ehe du wusstest, dass du es wollen könntest – da müsst' ich ein erbärmlicher Stümper sein, wenn ich's nicht einmal so weit gebracht hätte, einen Sohn vom Herzen des Vaters loszulösen, und wenn er mit ehernen Banden daran geklammert wäre – Ich hab einen magischen Kreis von Flüchen um dich gezogen, den er nicht überspringen soll – Glück zu, Franz! Weg ist das Schoßkind – Der Wald ist heller. Ich muss diese Papiere vollends aufheben, wie leicht könnte je-

ehern: eisern

Der Wald ist heller: *etwa* Es wird nun klarer.

mand meine Handschrift kennen? *(Er liest die zerrissenen Briefstücke zusammen.)* – Und Gram wird auch den Alten bald fortschaffen – und ihr muss ich diesen Karl aus dem Herzen reißen, wenn auch ihr halbes Leben dran hängen bleiben sollte.

Ich habe große Rechte, über die Natur ungehalten zu sein, und bei meiner Ehre! ich will sie geltend machen. – Warum bin ich nicht der Erste aus Mutterleib gekrochen? Warum nicht der Einzige? Warum musste sie mir diese Bürde von Hässlichkeit aufladen? Gerade mir? Nicht anders, als ob sie bei meiner Geburt einen Rest gesetzt hätte. Warum gerade mir die Lappländersnase? Gerade mir dieses Mohrenmaul? Diese Hottentottenaugen? Wirklich, ich glaube, sie hat von allen Menschensorten das Scheußliche auf einen Haufen geworfen und mich daraus gebacken. Mord und Tod! Wer hat ihr die Vollmacht gegeben, jenem dieses zu verleihen und mir vorzuenthalten? Könnte ihr jemand darum hofieren, eh er entstund? Oder sie beleidigen, eh er selbst wurde? Warum ging sie so parteilich zu Werke?

Nein! nein! Ich tu ihr Unrecht. Gab sie uns doch Erfindungsgeist mit, setzte uns nackt und armselig ans Ufer dieses großen Ozeans Welt – Schwimme, wer schwimmen kann, und wer zu plump ist, geh unter! Sie gab mir nichts mit; wozu ich mich machen will, das ist nun meine Sache. Jeder hat gleiches Recht zum Größten und Kleinsten, Anspruch wird an Anspruch, Trieb an Trieb und Kraft an Kraft zernichtet. Das Recht wohnet beim Überwältiger, und die Schranken unserer Kraft sind unsere Gesetze.

Wohl gibt es gewisse gemeinschaftliche Pakta, die man geschlossen hat, die Pulse des Weltzirkels zu treiben. Ehrlicher Name! – Wahrhaftig, eine reichhaltige Münze, mit der sich meisterlich schachern lässt, wer's versteht,

einen Rest gesetzt: den letzten Schlag versetzen, der sie zerstört

Hottentotten: von den Buren verwendeter Begriff für südafrikanische Volksstämme im heutigen Namibia und Südafrika

hofieren: schmeicheln

plump: grob, schwerfällig, unbeholfen

Pakta: Vereinbarungen

sie gut auszugeben. Gewissen, – o ja freilich! ein tüchtiger Lumpenmann, Sperlinge von Kirschbäumen wegzuschröcken! – auch das ein gut geschriebener Wechselbrief, mit dem auch der Bankerottierer zur Not noch hinauslangt.

In der Tat, sehr lobenswürdige Anstalten, die Narren im Respekt und den Pöbel unter dem Pantoffel zu halten, damit die Gescheiten es desto bequemer haben. Ohne Anstand, recht schnackische Anstalten! Kommen mir für wie die Hecken, die meine Bauren gar schlau um ihre Felder herumführen, dass ja kein Hase drüber setzt, ja beileibe kein Hase! – Aber der gnädige Herr gibt seinem Rappen den Sporn und galoppiert weich über der weiland Ernte.

Armer Hase! Es ist doch eine jämmerliche Rolle, der Hase sein zu müssen auf dieser Welt – Aber der gnädige Herr braucht Hasen!

Also frisch drüber hinweg! Wer nichts fürchtet, ist nicht weniger mächtig, als der, den alles fürchtet. Es ist itzo Mode, Schnallen an den Beinkleidern zu tragen, womit man sie nach Belieben weiter und enger schnürt. Wir wollen uns ein Gewissen nach der neuesten Façon anmessen lassen, um es hübsch weiter aufzuschnallen, wie wir zulegen. Was können wir dafür? Geht zum Schneider! Ich habe Langes und Breites von einer sogenannten Blutliebe schwatzen gehört, das einem ordentlichen Hausmann den Kopf heiß machen könnte – Das ist dein Bruder! – das ist verdolmetscht: Er ist aus eben dem Ofen geschossen worden, aus dem du geschossen bist – also sei er dir heilig! – Merkt doch einmal diese verzwickte Konsequenz, diesen possierlichen Schluss von der Nachbarschaft der Leiber auf die Harmonie der Geister, von eben derselben Heimat zu eben derselben Empfindung, von einerlei Kost zu einerlei

gut geschriebener Wechselbrief: gedeckter Schuldschein

ohne Anstand: ohne Umschweife

schnackisch: lächerlich

weiland: letzten

Façon: Mode

Blutliebe: Bindung unter Blutsverwandten

Hausmann: Familienvater

verdolmetscht: übersetzt

Neigung. Aber weiter – es ist dein Vater! Er hat dir das Leben gegeben, du bist sein Fleisch, sein Blut – also sei er dir heilig. Wiederum eine schlaue Konsequenz! Ich möchte doch fragen, warum hat er mich gemacht? doch wohl nicht gar aus Liebe zu mir, der erst ein Ich werden sollte? Hat er mich gekannt, ehe er mich machte? Oder hat er mich gedacht, wie er mich machte? Oder hat er mich gewünscht, da er mich machte? Wusste er, was ich werden würde? Das wollt' ich ihm nicht raten, sonst möcht' ich ihn dafür strafen, dass er mich doch gemacht hat! Kann ich's ihm Dank wissen, dass ich ein Mann wurde? So wenig, als ich ihn verklagen könnte, wenn er ein Weib aus mir gemacht hätte. Kann ich eine Liebe erkennen, die sich nicht auf Achtung gegen mein Selbst gründet? Konnte Achtung gegen mein Selbst vorhanden sein, das erst dadurch entstehen sollte, davon es die Voraussetzung sein muss? Wo stickt dann nun das Heilige? Etwa im Aktus selber, durch den ich entstund? – Als wenn dieser etwas mehr wäre als viehischer Prozess zur Stillung viehischer Begierden! Oder stickt es vielleicht im Resultat dieses Aktus, das doch nichts ist als eiserne Notwendigkeit, die man so gern wegwünschte, wenn's nicht auf Unkosten von Fleisch und Blut geschehen müsste? Soll ich ihm etwa darum gute Worte geben, dass er mich liebt? Das ist eine Eitelkeit von ihm, die Schoßsünde aller Künstler, die sich in ihrem Werk kokettieren, wär' es auch noch so hässlich. – Sehet also, das ist die ganze Hexerei, die ihr in einen heiligen Nebel verschleiert, unsre Furchtsamkeit zu missbrauchen. Soll auch ich mich dadurch gängeln lassen wie einen Knaben?

Frisch also! mutig ans Werk! – Ich will alles um mich her ausrotten, was mich einschränkt, dass ich nicht

stickt: steckt

Aktus: *hier* Zeugungsakt

Schoßsünde: Lieblingssünde

kokettieren: mit etwas nur spielen; sich nicht wirklich auf etwas einlassen

Herr bin. Herr muss ich sein, dass ich das mit Gewalt ertrotze, wozu mir die Liebenswürdigkeit gebricht. *(Ab.)*

Zweite Szene

Schenke an den Grenzen von Sachsen.

Karl von Moor in ein Buch vertieft. Spiegelberg trinkend am Tisch.

KARL VON MOOR *(legt das Buch weg):* Mir ekelt vor diesem tintenklecksenden Säkulum, wenn ich in meinem Plutarch lese von großen Menschen.

SPIEGELBERG *(stellt ihm ein Glas hin und trinkt)*: Den Josephus musst du lesen.

MOOR: Der lohe Lichtfunke Prometheus' ist ausgebrannt, dafür nimmt man itzt die Flamme von Bärlappenmehl, das keine Pfeife Tabak anzündet. Da krabbeln sie nun, wie die Ratten auf der Keule des Herkules, und studieren sich das Mark aus dem Schädel, was das für ein Ding sei, das er in seinen Hoden geführt hat. Ein französischer Abbé doziert, Alexander sei ein Hasenfuß gewesen; ein schwindsüchtiger Professor hält sich bei jedem Wort ein Fläschchen Salmiakgeist vor die Nase und liest ein Kollegium über die Kraft. Kerls, die in Ohnmacht fallen, wenn sie einen Buben gemacht haben, kritteln über die Taktik des Hannibals – feuchtohrige Buben fischen Phrases aus der Schlacht bei Cannä, und greinen über die Siege des Scipio, weil sie sie exponieren müssen.

SPIEGELBERG: Das ist ja recht alexandrinisch geflennt.

MOOR: Schöner Preis für euren Schweiß in der Feldschlacht, dass ihr jetzt in Gymnasien lebet und eure Unsterblichkeit in einem Bücherriemen mühsam fortgeschleppt wird. Kostbarer Ersatz eures verprassten Blutes, von einem Nürnberger Krämer um Lebkuchen

Säkulum: Jahrhundert

Plutarch: griech. Philosoph und Biograf (um 45–um 125)

Josephus: jüd.-röm. Historiker (etwa 37–100)

lohe: flammende

Bärlappenmehl: Theaterfeuer

Abbé: Abt, Geistlicher

schwindsüchtig: an Schwindsucht, Tuberkulose, leidend

Über die Taktik […] Scipio: über berühmte röm. Feldherrn und Schlachten

exponieren: erläutern

Bücherriemen: Lederriemen (zum Tragen der Lehrbücher)

gewickelt – oder, wenn's glücklich geht, von einem französischen Tragödienschreiber auf Stelzen geschraubt, und mit Drahtfäden gezogen zu werden. Hahaha!

SPIEGELBERG *(trinkt)*: Lies den Josephus, ich bitte dich drum.

MOOR: Pfui! Pfui über das schlappe Kastratenjahrhundert, zu nichts nütze, als die Taten der Vorzeit wiederzukäuen und die Helden des Altertums mit Kommentationen zu schinden und zu verhunzen mit Trauerspielen. Die Kraft seiner Lenden ist versiegen gegangen, und nun muss Bierhefe den Menschen fortpflanzen helfen.

SPIEGELBERG: Tee, Bruder, Tee! Da verrammeln sie sich die gesunde Natur mit abgeschmackten Konventionen, haben das Herz nicht, ein Glas zu leeren, weil sie Gesundheit dazu trinken müssen – belecken den Schuhputzer, dass er sie vertrete bei Ihro Gnaden, und hudeln den armen Schelm, den sie nicht fürchten. – Vergöttern sich um ein Mittagessen, und möchten einander vergiften um ein Unterbett, das ihnen beim Aufstreich überboten wird. – Verdammen den Sadduzäer, der nicht fleißig genug in die Kirche kommt, und berechnen ihren Judenzins am Altare – fallen auf die Knie, damit sie ja ihren Schlamp ausbreiten können – wenden kein Aug von dem Pfarrer, damit sie sehen, wie seine Perücke frisiert ist. – Fallen in Ohnmacht, wenn sie eine Gans bluten sehen, und klatschen in die Hände, wenn ihr Nebenbuhler bankerott von der Börse geht. – – So warm ich ihnen die Hand drückte: – »nur noch einen Tag« – Umsonst! – Ins Loch mit dem Hund! – Bitten! Schwüre! Tränen! *(Auf den Boden stampfend.)* Hölle und Teufel!

SPIEGELBERG: Und um so ein paar tausend lausige Dukaten –

MOOR: Nein, ich mag nicht daran denken! Ich soll meinen Leib pressen in eine Schnürbrust und meinen Willen

Kastratenjahrhundert: Dem Jahrhundert ist die »Manneskraft« geraubt.

Kommentationen: Erläuterungen

abgeschmackte Konvention: geistlose Benimmregel

hudeln: ärgern, quälen

Sadduzäer: *hier* Juden

Loch: *hier* Kerker

Schnürbrust: Korsett

schnüren in Gesetze. Das Gesetz hat zum Schneckengang verdorben, was Adlerflug geworden wäre. Das Gesetz hat noch keinen großen Mann gebildet, aber die Freiheit brütet Kolosse und Extremitäten aus. Sie verpalisadieren sich ins Bauchfell eines Tyrannen, hofieren der Laune seines Magens und lassen sich klemmen von seinen Winden. – Ah! dass der Geist Hermanns noch in der Asche glimmte! – Stelle mich vor ein Heer Kerls wie ich, und aus Deutschland soll eine Republik werden, gegen die Rom und Sparta Nonnenklöster sein sollen. *(Er wirft den Degen auf den Tisch und steht auf.)*

SPIEGELBERG *(aufspringend)*: Bravo! Bravissimo! Du bringst mich eben recht auf das Chapitre. Ich will dir was ins Ohr sagen, Moor, das schon lang mit mir umgeht, und du bist der Mann dazu – sauf, Bruder, sauf – wie wär's, wenn wir Juden würden und das Königreich wieder aufs Tapet brächten?

MOOR *(lacht aus vollem Halse)*: Ah! nun merk' ich – nun merk' ich – du willst die Vorhaut aus der Mode bringen, weil der Barbier die deinige schon hat?

SPIEGELBERG: Dass dich Bärenhäuter! Ich bin freilich wunderbarerweis schon voraus beschnitten. Aber sag, ist das nicht ein schlauer und herzhafter Plan? Wir lassen ein Manifest ausgehen in alle vier Enden der Welt und zitieren nach Palästina, was kein Schweinefleisch isst. Da beweis' ich nun durch triftige Dokumente, Herodes, der Vierfürst, sei mein Großahnherr gewesen, und so ferner. Das wird ein Viktoria abgeben, Kerl, wenn sie wieder ins Trockene kommen und Jerusalem wieder aufbauen dörfen. Itzt frisch mit den Türken aus Asien, weil's Eisen noch warm ist, und Zedern gehauen aus dem Libanon, und Schiffe gebaut, und geschachert mit alten Borten und Schnallen das ganze Volk. Mittlerweile –

Extremitäten: *hier* Auswüchse

verpalisadieren: verbarrikadieren

Geist Hermanns: Herrmann der Cherusker verhalf den Germanen 9 n. Chr. zu einem Sieg gegen die Römer.

Chapitre: Kapitel

aufs Tapet: zur Sprache

Barbier: *hier* Bader, Friseur, Chirurg

Manifest: Verlautbarung, Grundsatzschrift

Herodes: König der Juden zur Zeit Christi

Viktoria: *hier* Siegesgebrüll

MOOR *(nimmt ihn lächelnd bei der Hand)*: Kamerad! mit den Narrenstreichen ist's nun am Ende.

SPIEGELBERG *(stutzig)*: Pfui, du wirst doch nicht gar den verlorenen Sohn spielen wollen? Ein Kerl, wie du, der mit dem Degen mehr auf die Gesichter gekritzelt hat, als drei Substituten in einem Schaltjahr ins Befehlbuch schreiben! Soll ich dir von der großen Hundsleiche vorerzählen? Ha! ich muss nur dein eigenes Bild wieder vor dich rufen, das wird Feuer in deine Adern blasen, wenn dich sonst nichts mehr begeistert. Weißt du noch, wie die Herren vom Kollegio deiner Dogge das Bein hatten abschießen lassen, und du zur Revanche ließest ein Fasten ausschreiben in der ganzen Stadt? Man schmollte über dein Reskript. Aber du nicht faul, lässest alles Fleisch aufkaufen in ganz L., dass in acht Stund kein Knoch mehr zu nagen ist in der ganzen Rundung, und die Fische anfangen, im Preise zu steigen. Magistrat und Bürgerschaft düsselten Rache. Wir Pursche frisch heraus zu siebzehnhundert, und du an der Spitze, und Metzger und Schneider und Krämer hinterher, und Wirth und Barbierer und alle Zünfte, und fluchen, Sturm zu laufen wider die Stadt, wenn man den Burschen ein Haar krümmen wollte. Da ging's aus wie's Schießen zu Hornberg, und mussten abziehen mit langer Nase. Du lässest Doktores kommen ein ganzes Konzilium und botst drei Dukaten, wer dem Hund ein Rezept schreiben würde. Wir sorgten, die Herren werden zu viel Ehr im Leib haben und n e i n sagen, und hattens schon verabredet, sie zu forcieren. Aber das war unnötig; die Herren schlugen sich um die drei Dukaten, und kam's im Abstreich herab auf drei Batzen, in einer Stund sind zwölf Rezepte geschrieben, dass das Tier auch bald drauf verreckte.

MOOR: Schändliche Kerls!

Sustituten: Gehilfen

Kollegio: *hier* Universität

Reskript: Antwortschreiben

Rundung: Gegend

Pursche: Burschen

wie's Schießen zu Hornberg: unentschieden

Konzilium: Ratsversammlung

im Abstreich: beim Herunterhandeln

SPIEGELBERG: Der Leichenpomp wird veranstaltet in aller Pracht, Carmina gab's die schwere Meng um den Hund, und zogen wir aus des Nachts gegen tausend, eine Laterne in der einen Hand, unsre Raufdegen in der andern, und so fort durch die Stadt mit Glockenspiel und Geklimper, bis der Hund beigesetzt war. Drauf gab's ein Fressen, das währt bis an den lichten Morgen, da bedanktest du dich bei den Herren für das herzliche Beileid und ließest das Fleisch verkaufen ums halbe Geld. Mort de ma vie! da hatte wir dir Respekt wie eine Garnison in einer eroberten Festung –

Carmina: *hier* Leichengesänge

Mort de ma vie!: Bei meinem Leben!

MOOR: Und du schämst dich nicht, damit groß zu prahlen? Hast nicht einmal so viel Scham, dich dieser Streiche zu schämen?

SPIEGELBERG: Geh, geh! Du bist nicht mehr Moor. Weißt du noch, wie tausendmal du, die Flasche in der Hand, den alten Filzen hast aufgezogen und gesagt: Er soll nur drauf los schaben und scharren, du wollest dir dafür die Gurgel absaufen. – Weißt du noch? he? weißt du noch? O du heilloser, erbärmlicher Prahlhans! Das war noch männlich gesprochen und edelmännisch, aber –

Filzen: Geizhals

schaben und scharren: Geld zusammenkratzen

MOOR: Verflucht seist du, dass du mich dran erinnerst! Verflucht ich, dass ich es sagte! Aber es war nur im Dampfe des Weins, und mein Herz hörte nicht, was meine Zunge prahlte.

SPIEGELBERG *(schüttelt den Kopf)***:** Nein! nein! nein! das kann nicht sein. Unmöglich, Bruder, das kann dein Ernst nicht sein. Sag, Brüderchen, ist es nicht die Not, die dich so stimmt? Komm, lass dir ein Stückchen aus meinen Bubenjahren erzählen. Da hatt' ich neben meinem Haus einen Graben, der, wie wenig, seine acht Schuh breit war, wo wir Buben uns in die Wette bemühten, hinüber zu springen. Aber das war umsonst. Pflumpf! lagst du, und ward ein Gezisch und Gelächter über dir, und wurdest mit Schneeballen geschmissen über und über. Neben meinem Haus lag eines Jägers Hund an einer Kette, eine so bissige Bestie, die dir die Mädels wie der Blitz am Rockzipfel hatte, wenn sie sich's versahn und zu nah dran vorbeistrichen. Das war nun mein Seelengaudium, den Hund überall zu necken, wo ich nur konnte, und wollt' halb krepieren vor Lachen, wenn mich dann das Luder so giftig anstierte und so gern auf mich losgerannt wär', wenn's nur gekonnt hätte. – Was geschieht? Ein andermal mach' ich's ihm auch wieder so und werf' ihn mit einem Stein so derb an die Ripp', dass er vor Wut von der Kette reißt und auf mich dar, und ich, wie alle Donnerwetter, Reißaus und davon – Tausend Schwerenot! Da ist dir just der vermaledeite Graben dazwischen. Was zu tun? Der Hund ist mir hart an den Fersen und wütig, also kurz resolviert – ein Anlauf genommen – drüben bin ich. Dem Sprung hatt' ich Leib und Leben zu danken; die Bestie hätte mich zu Schanden gerissen.

Seelengaudium: große Freude

dar: los

resolviert: entschlossen

MOOR: Aber wozu itzt das?

SPIEGELBERG: Dazu – dass du sehen sollst, wie die Kräfte wachsen in der Not. Darum lass ich mir's auch nicht bange sein, wenn's aufs Äußerste kommt. Der Mut wächst mit der Gefahr; die Kraft erhebt sich im Drang. Das Schicksal muss einen großen Mann aus mir haben wollen, weil's mir so quer durch den Weg streicht.

MOOR *(ärgerlich)*: Ich wüsste nicht, wozu wir den Mut noch haben sollten und noch nicht gehabt hätten.

SPIEGELBERG: So? – Und du willst also deine Gaben in dir verwittern lassen? Dein Pfund vergraben? Meinst du, deine Stinkereien in Leipzig machen die Grenzen des menschlichen Witzes aus? Da lass uns erst in die große Welt kommen. Paris und London! – wo man Ohrfeigen einhandelt, wenn man einen mit dem Namen eines ehr-

Stinkereien: Stänkereien

lichen Mannes grüßt. Da ist es auch ein Seelenjubilo, wenn man das Handwerk ins Große praktiziert. – Du wirst gaffen! Du wirst Augen machen! Wart, und wie man Handschriften nachmacht, Würfel verdreht, Schlösser aufbricht und den Koffern das Eingeweid' ausschüttet – das sollst du noch von Spiegelberg lernen! Die Kanaille soll man an den nächsten besten Galgen knüpfen, die bei geraden Fingern verhungern will.

MOOR *(zerstreut)*: Wie? Du hast es wohl gar noch weiter gebracht?

SPIEGELBERG: Ich glaube gar, du setzest ein Misstrauen in mich. Wart, lass mich erst warm werden; du sollst Wunder sehen, dein Gehirnchen soll sich im Schädel umdrehen, wenn mein kreißender Witz in die Wochen kommt. – *(Steht auf, hitzig.)* Wie es sich aufhellt in mir! Große Gedanken dämmern auf in meiner Seele! Riesenpläne gären in meinem schöpfrischen Schädel. Verfluchte Schlafsucht! *(Sich vorn Kopf schlagend.)* Die bisher meine Kräfte in Ketten schlug, meine Aussichten sperrte und spannte; ich erwache, fühle, wer ich bin – wer ich werden muss!

MOOR: Du bist ein Narr. Der Wein bramarbasiert aus deinem Gehirne.

SPIEGELBERG *(hitziger)*: Spiegelberg, wird es heißen, kannst du hexen, Spiegelberg? Es ist schade, dass du kein General worden bist, Spiegelberg, wird der König sagen, du hättest die Östreicher durch ein Knopfloch gejagt. Ja, hör' ich die Dokters jammern, es ist unverantwortlich, dass der Mann nicht die Medizin studiert hat, er hätte ein neues Kropfpulver erfunden. Ach! und dass er das Kamerale nicht zum Fach genommen hat, werden die Sullys in ihren Kabinetten seufzen, er hätte aus Steinen Louisdore hervorgezaubert. Und Spiegelberg wird es heißen in Osten und Westen, und in den Kot

Seelenjubilo: große Freude

ins Große praktiziert: in großem Stil ausführt

bramabarsieren: prahlen

Kropfpulver: Pulver für die Schilddrüse

Kamerale: Verwaltungs- und Wirtschaftslehre

Sullys: Anspielung auf Herzog de Sully, den Finanzminister König Heinrichs IV. von Frankreich

Louisdore: Goldmünzen

ausgespreiteten: aufgebreiteten

mit euch, ihr Memmen, ihr Kröten, indes Spiegelberg mit ausgespreiteten Flügeln zum Tempel des Nachruhms emporfliegt.

MOOR: Glück auf den Weg! Steig du auf Schandsäulen zum Gipfel des Ruhms. Im Schatten meiner väterlichen Haine, in den Armen meiner Amalia lockt mich ein edler Vergnügen. Schon die vorige Woche hab' ich meinem Vater um Vergebung geschrieben, hab' ihm nicht den kleinsten Umstand verschwiegen; und wo Aufrichtigkeit ist, ist auch Mitleid und Hilfe. Lass uns Abschied nehmen, Moritz. Wir sehen uns heut, und nie mehr. Die Post ist angelangt. Die Verzeihung meines Vaters ist schon innerhalb dieser Stadtmauren.

Schweizer, Grimm, Roller, Schufterle, Razmann treten auf.

ROLLER: Wisst ihr auch, dass man uns auskundschaftet?

GRIMM: Dass wir keinen Augenblick sicher sind, aufgehoben zu werden?

aufgehoben: ausgehoben, entdeckt

MOOR: Mich wundert's nicht. Es gehe, wie es will! saht ihr den Schwarz nicht? sagt' er euch von keinem Brief, den er an mich hätte?

ROLLER: Schon lang sucht er dich, ich vermute so etwas.

MOOR: Wo ist er, wo, wo? *(Will eilig fort.)*

ROLLER: Bleib! wir haben ihn hieher beschieden. Du zitterst? –

MOOR: Ich zittere nicht. Warum sollt' ich auch zittern? Kameraden! dieser Brief – freut euch mit mir! Ich bin der Glücklichste unter der Sonne, warum sollt' ich zittern?

Schwarz tritt auf.

MOOR *(fliegt ihm entgegen)*: Bruder! Bruder! den Brief! den Brief!

SCHWARZ *(gibt ihm den Brief, den er hastig aufbricht)*: Was ist dir? Wirst du nicht wie die Wand?

MOOR: Meines Bruders Hand!

SCHWARZ: Was treibt denn der Spiegelberg?

GRIMM: Der Kerl ist unsinnig. Er macht Gestus wie beim Sankt-Veits-Tanz.

SCHUFTERLE: Sein Verstand geht im Ring herum. Ich glaub', er macht Verse.

RAZMANN: Spiegelberg! He, Spiegelberg! – Die Bestie hört nicht.

GRIMM *(schüttelt ihn)*: Kerl! träumst du, oder –?

SPIEGELBERG *(der sich die ganze Zeit über mit den Pantomimen eines Projektmachers im Stubeneck abgearbeitet hat, springt wild auf)*: La bourse ou la vie! *(und packt Schweizern an der Gurgel, der ihn gelassen an die Wand wirft. Moor lässt den Brief fallen und rennt hinaus. Alle fahren auf.)*

mit den Pantomimen eines Projektmachers: als ob er Pläne schmiedet

La bourse ou la vie!: Geld oder Leben!

ROLLER *(ihm nach)*: Moor! Wo 'naus, Moor? was beginnst du?

GRIMM: Was hat er, was hat er? Er ist bleich wie die Leiche.

SCHWEIZER: Das müssen schöne Neuigkeiten sein! Lass doch sehen!

ROLLER *(nimmt den Brief von der Erde und liest)*: »Unglücklicher Bruder!« der Anfang klingt lustig. »Nur kürzlich muss ich dir melden, dass deine Hoffnung vereitelt ist – du sollst hingehen, lässt dir der Vater sagen, wohin dich deine Schandtaten führen. Auch, sagt er, werdest du dir keine Hoffnung machen, jemals Gnade zu seinen Füßen zu erwimmern, wenn du nicht gewärtig sein wollest, im untersten Gewölb seiner Türme mit Wasser und Brot so lang traktiert zu werden, bis deine Haare wachsen wie Adlersfedern, und deine Nägel wie Vogelklauen werden. Das sind seine eigenen Worte. Er befiehlt mir, den Brief zu schließen. Leb wohl auf ewig! Ich bedaure dich – Franz von Moor.«

kürzlich: kurz

traktieren: behandeln

SCHWEIZER: Ein zuckersüßes Brüderchen! In der Tat! – Franz heißt die Kanaille?

SPIEGELBERG *(sachte herbeischleichend)*: Von Wasser und Brot ist die Rede? Ein schönes Leben! Da hab' ich anders für euch gesorgt! Sagt' ich's nicht, ich müsst' am Ende für euch alle denken?

SCHWEIZER: Was sagt der Schafskopf? der Esel will für uns alle denken?

SPIEGELBERG: Hasen, Krüppel, lahme Hunde seid ihr alle, wenn ihr das Herz nicht habt, etwas Großes zu wagen!

ROLLER: Nun, das wären wir freilich, du hast recht! – aber wird es uns auch aus dieser vermaledeiten Lage reißen, was du wagen wirst? wird es? –

SPIEGELBERG *(mit einem stolzen Gelächter)*: Armer Tropf! aus dieser Lage reißen? hahaha! – aus dieser Lage reißen? – und auf mehr raffiniert dein Fingerhut voll Gehirn nicht? und damit trabt deine Mähre zum Stalle? Spiegelberg müsste ein Hundsfott sein, wenn er mit dem nur anfangen wollte. Zu Helden, sag ich dir, zu Freiherrn, zu Fürsten, zu Göttern wird's euch machen!

raffiniert: denkt sich aus

Mähre: abgemagerter Gaul

RAZMANN: Das ist viel auf einen Hieb, wahrlich! Aber es wird wohl eine halsbrechende Arbeit sein, den Kopf wird's wenigstens kosten.

SPIEGELBERG: Es will nichts als Mut, denn was den Witz betrifft, den nehm' ich gern über m i c h. Mut sag' ich, Schweizer! Mut, Roller, Grimm, Razmann, Schufterle! Mut! –

SCHWEIZER: Mut? Wenn's nur das ist – Mut hab' ich genug, um barfuß mitten durch die Hölle zu gehn.

SCHUFTERLE: Mut genug, mich unterm lichten Galgen mit dem leibhaftigen Teufel um einen armen Sünder zu balgen.

SPIEGELBERG: So gefällt mir's! Wenn ihr Mut habt, tret' einer auf und sag': er habe noch etwas zu verlieren, und nicht alles zu gewinnen! –

SCHWARZ: Wahrhaftig, da gäb's manches zu verlieren, wenn ich das verlieren wollte, was ich noch zu gewinnen habe!

RAZMANN: Ja, zum Teufel! und manches zu gewinnen, wenn ich das gewinnen wollte, was ich nicht verlieren kann.

SCHUFTERLE: Wenn ich das verlieren müsste, was ich auf Borgs auf dem Leibe trage, so hätt' ich allenfalls morgen nichts mehr zu verlieren.

auf Borgs: auf Pump

SPIEGELBERG: Also denn! *(Er stellt sich mitten unter sie mit beschwörendem Ton.)* Wenn noch ein Tropfen deutschen Heldenbluts in euren Adern rinnt – kommt! Wir wollen uns in den böhmischen Wäldern niederlassen, dort eine Räuberbande zusammenziehen und – Was gafft ihr mich an? – Ist euer bisschen Mut schon verdampft?

ROLLER: Du bist wohl nicht der erste Gauner, der über den hohen Galgen weggesehen hat – und doch – Was hätten wir sonst noch für eine Wahl übrig?

SPIEGELBERG: Wahl? Was? Nichts habt ihr zu wählen! Wollt ihr im Schuldturm stecken und zusammenschnurren, bis man zum Jüngsten Tag posaunt? Wollt ihr euch mit der Schaufel und Haue um einen Bissen trocken Brot abquälen? Wollt ihr an der Leute Fenster mit einem Bänkelsängerlied ein mageres Almosen erpressen? oder wollt ihr zum Kalbsfell schwören – und da ist erst noch die Frage, ob man euren Gesichtern traut – und dort unter der milzsüchtigen Laune eines gebieterischen Korporals das Fegfeuer zum Voraus abverdienen? oder bei klingendem Spiel nach dem Takt der Trommel spazieren gehen, oder im Galliotenpara-

Bänkelsänger: umher ziehende Sänger

milzsüchtig: schwermütig

Korporal: Unteroffizier

im Galliotenparadies: als Galeerensklave

dies das ganze Eisenmagazin Vulkans hinterher schleifen? Seht, das habt ihr zu wählen, da ist alles beisammen, was ihr wählen könnt!

Vulkan: Gott der Schmiedekunst

ROLLER: So unrecht hat der Spiegelberg eben nicht. Ich hab auch meine Plane schon zusammen gemacht, aber sie treffen endlich auf eins. Wie wär's, dacht' ich, wenn ihr euch hinsetztet und ein Taschenbuch oder einen Almanach oder so was Ähnlichs zusammensudeltet und um den lieben Groschen rezensiertet, wie's wirklich Mode ist?

Almanach: Jahrbuch

wirklich: jetzt

SCHUFTERLE: Zum Henker! ihr ratet nah zu meinen Projekten. Ich dachte bei mir selbst, wenn du ein Pietist würdest und wöchentlich deine Erbauungsstunden hieltest?

Pietist: frommer, protestantischer Gläubiger

GRIMM: Getroffen! und wenn das nicht geht, ein Atheist! Wir könnten die vier Evangelisten aufs Maul schlagen, ließen unser Buch durch den Schinder verbrennen, und so ging's reißend ab.

RAZMANN: Oder zögen wir wider die Franzosen zu Felde – ich kenne einen Dokter, der sich ein Haus aus purem Quecksilber gebauet hat, wie das Epigramm auf der Haustüre lautet.

Epigramm: Sinngedicht

SCHWEIZER *(steht auf und gibt Spiegelberg die Hand)*: Moritz, du bist ein großer Mann! – oder es hat ein blindes Schwein eine Eichel gefunden.

SCHWARZ: Vortreffliche Pläne! honette Gewerbe! Wie doch die großen Geister sympathisieren! Itzt fehlte nur noch, dass wir Weiber und Kupplerinnen würden, oder gar unsere Jungferschaft zu Markte trieben.

honett: anständig

SPIEGELBERG: Possen, Possen! Und was hindert's, dass ihr nicht das Meiste in einer Person sein könnt? Mein Plan wird euch immer am höchsten poussieren, und da habt ihr noch Ruhm und Unsterblichkeit! Seht, arme Schlucker! Auch so weit muss man hinausdenken! Auch auf

poussieren: gelegen kommen

den Nachruhm, das süße Gefühl von Unvergesslichkeit –

ROLLER: Und obenan in der Liste der ehrlichen Leute! Du bist ein Meisterredner, Spiegelberg, wenn's drauf ankommt, aus einem ehrlichen Mann einen Hollunken zu machen – Aber sag' doch einer, wo der Moor bleibt?

SPIEGELBERG: Ehrlich, sagst du? Meinst du, du seist nachher weniger ehrlich, als du itzt bist? Was heißt du ehrlich? Reichen Filzen ein Drittteil ihrer Sorgen vom Hals schaffen, die ihnen nur den goldnen Schlaf verscheuchen, das stockende Geld in Umlauf bringen, das Gleichgewicht der Güter wieder herstellen, mit einem Wort, das goldne Alter wieder zurückrufen, dem lieben Gott von manchem lästigen Kostgänger helfen, ihm Krieg, Pestilenz, teure Zeit und D o k t e r s ersparen – siehst du, das heiß ich ehrlich sein, das heiß ich ein würdiges Werkzeug in der Hand der Vorsehung abgeben, – und so bei jedem Braten, den man isst, den schmeichelhaften Gedanken zu haben: den haben dir deine Finten, dein Löwenmut, deine Nachtwachen erworben – von Groß und Klein respektiert zu werden –

ROLLER: Und endlich gar bei lebendigem Leibe gen Himmel fahren, und trutz Sturm und Wind, trutz dem gefräßigen Magen der alten Urahne Zeit unter Sonn' und Mond und allen Fixsternen schweben, wo selbst die unvernünftigen Vögel des Himmels, von edler Begierde herbeigelockt, ihr himmlisches Konzert musizieren, und die Engel mit Schwänzen ihr hochheiliges Synedrium halten? Nicht wahr? – Und wenn Monarchen und Potentaten von Motten und Würmern verzehrt werden, die Ehre haben zu dürfen, von Jupiters königlichem Vogel Visiten anzunehmen? – Moritz, Moritz, Moritz! nimm dich in Acht! nimm dich in Acht vor dem dreibeinigten Tiere!

Hollunken: Hallunken

Filzen: Geizhälsen

das goldene Alter: paradiesische Zeiten

Pestilenz: Pest

trutz: trotz

Synedrium: jüd. Ratsversammlung

Potentat: Machthaber

SPIEGELBERG: Und das schröckt dich, Hasenherz? ist doch schon manches Universalgenie, das die Welt hätte reformieren können, auf dem Schindanger verfault, und spricht man nicht von so einem Jahrhunderte, Jahrtausende lang, da mancher König und Kurfürst in der Geschichte überhüpft würde, wenn sein Geschichtschreiber die Lücke in der Sukzessionsleiter nicht scheute und sein Buch dadurch nicht um ein paar Oktavseiten gewönne, die ihm der Verleger mit barem Gelde bezahlt – Und wenn dich der Wanderer so hin und her fliegen sieht im Winde – der muss auch kein Wasser im Hirn gehabt haben, brummt er in den Bart und seufzt über die elenden Zeiten.

Sukzessionsleiter: Erbfolge

SCHWEIZER *(klopft ihn auf die Achsel)*: Meisterlich, Spiegelberg! Meisterlich! Was zum Teufel, steht ihr da, und zaudert?

SCHWARZ: Und lass es auch Prostitution heißen – Was folgt weiter? Kann man nicht auf den Fall immer ein Pülverchen mit sich führen, das einen so im Stillen über den Acheron fördert, wo kein Hahn darnach kräht! Nein, Bruder Moritz! dein Vorschlag ist gut. So lautet auch mein Katechismus.

Prostitution: *hier* Erniedrigung

Acheron: *griech. Mythologie* einer der fünf Flüsse der Unterwelt

Katechismus: *hier* Glaubensbekenntnis

SCHUFTERLE: Blitz! Und der meine nicht minder. Spiegelberg, du hast mich geworben.

RAZMANN: Du hast, wie ein anderer Orpheus, die heulende Bestie, mein Gewissen, in den Schlaf gesungen. Nimm mich ganz, wie ich da bin!

Orpheus: *griech. Mythologie* Der Sänger Orpheus konnte durch Musik Tiere zähmen.

GRIMM: Si omnes consentiunt ego non dissentio. Wohlgemerkt, ohne Komma! Es ist ein Aufstreich in meinem Kopf: Pietisten – Quacksalber – Rezensenten und Jauner! Wer am meisten bietet, der hat mich. Nimm diese Hand, Moritz!

Si omnes consentiunt ego non dissentio: Wenn alle zustimmen, widerspreche ich nicht.

ROLLER: Und auch du, Schweizer? *(Gibt Spiegelberg die rechte Hand.)* Also verpfänd' ich meine Seele dem Teufel.

SPIEGELBERG: Und deinen Namen den Sternen! Was liegt daran, wohin auch die Seele fährt? Wenn Scharen vorausgesprengter Kuriere unsere Niederfahrt melden, dass sich die Satane festtäglich herausputzen, sich den tausendjährigen Ruß aus den Wimpern stäuben und Myriaden gehörnter Köpfe aus der rauchenden Mündung ihrer Schwefelkamine hervorwachsen, unsern Einzug zu sehen? Kameraden! *(Aufgesprungen.)* Frisch auf, Kameraden! Was in der Welt wiegt diesen Rausch des Entzückens auf? Kommt, Kameraden!

stäuben: wischen

Myriaden: unzählige

ROLLER: Sachte nur! sachte! Wohin? Das Tier muss auch seinen Kopf haben, Kinder.

SPIEGELBERG *(giftig)*: Was predigt der Zauderer? Stand nicht der Kopf schon, eh noch ein Glied sich regte? Folgt, Kameraden.

ROLLER: Gemach sag' ich. Auch die Freiheit muss ihren Herrn haben. Ohne Oberhaupt ging Rom und Sparta zu Grunde.

SPIEGELBERG *(geschmeidig)*: Ja – haltet – Roller sagt recht. Und das muss ein erleuchteter Kopf sein. Versteht ihr? Ein feiner, politischer Kopf muss das sein. Ja! wenn ich mir's denke, was ihr vor einer Stunde waret, was ihr jetzt seid, – durch einen glücklichen Gedanken seid – Ja freilich, freilich müsst ihr einen Chef haben – Und wer diesen Gedanken entsponnen, sagt, muss das nicht ein erleuchteter politischer Kopf sein?

ROLLER: Wenn sich's hoffen ließe – träumen ließe – Aber ich fürchte, er wird es nicht tun.

SPIEGELBERG: Warum nicht? Sag's keck heraus, Freund! – So schwer es ist, das kämpfende Schiff gegen die Winde zu lenken, so schwer sie auch drückt, die Last der Kronen – sag's unverzagt, Roller, – vielleicht wird er's doch tun.

ROLLER: Und leck ist das Ganze, wenn er's nicht tut. Ohne den Moor sind wir Leib ohne Seele.

SPIEGELBERG *(unwillig von ihm weg)*: Stockfisch!

MOOR *(tritt herein in wilder Bewegung und läuft heftig im Zimmer auf und nieder, mit sich selber)*: Menschen – Menschen! falsche, heuchlerische Krokodilbrut! Ihre Augen sind Wasser! Ihre Herzen sind Erzt! Küsse auf den Lippen! Schwerter im Busen! Löwen und Leoparden füttern ihre Jungen, Raben tischen ihren Kleinen auf dem Aas, und Er, Er – Bosheit hab' ich dulden gelernt, kann dazu lächeln, wenn mein erboster Feind mir mein eigen Herzblut zutrinkt – aber wenn Blutliebe zur Verräterin, wenn Vaterliebe zur Megäre wird, o so fange Feuer, männliche Gelassenheit! verwilde zum Tiger, sanftmütiges Lamm, und jede Faser recke sich auf zu Grimm und Verderben!

Stockfisch: Langweiler

Megäre: *griech. Mythologie* Rachegöttin

ROLLER: Höre, Moor! Was denkst du davon? Ein Räuberleben ist doch auch besser, als bei Wasser und Brot im untersten Gewölbe der Türme?

MOOR: Warum ist dieser Geist nicht in einen Tiger gefahren, der sein wütendes Gebiss in Menschenfleisch haut? Ist das Vatertreue? Ist das Liebe für Liebe? Ich möchte ein Bär sein, und die Bären des Nordlands wider dies mörderische Geschlecht anhetzen – Reue und keine Gnade! Oh, ich möchte den Ozean vergiften, dass sie den Tod aus allen Quellen saufen! Vertrauen, unüberwindliche Zuversicht, und kein Erbarmen!

ROLLER: So höre doch, Moor, was ich dir sage!

MOOR: Es ist unglaublich, es ist ein Traum, eine Täuschung – So eine rührende Bitte, so eine lebendige Schilderung des Elends und der zerfließenden Reue – die wilde Bestie wär' in Mitleid zerschmolzen! Steine hätten Tränen vergossen, und doch – man würde es für ein boshaftes Pasquill aufs Menschengeschlecht halten, wenn ich's aussagen wollte – und doch, doch – oh, dass ich durch die ganze Natur das Horn des Aufruhrs blasen könnte, Luft, Erde und Meer wider das Hyänengezücht ins Treffen zu führen!

Pasquill: Schmähschrift

GRIMM: Höre doch, höre! vor Rasen hörst du ja nicht.

MOOR: Weg, weg von mir! Ist dein Name nicht Mensch! Hat dich das Weib nicht geboren? – Aus meinen Augen, du mit dem Menschengesicht! – Ich habe ihn so unaussprechlich geliebt! so liebte kein Sohn; ich hätte tausend Leben für ihn – *(Schäumend auf die Erde stampfend.)* Ha! wer mir itzt ein Schwert in die Hand gäb, dieser Otterbrut eine brennende Wunde zu versetzen! wer mir sagte, wo ich das Herz ihres Lebens erzielen, zermalmen, zernichten! – er sei mein Freund, mein Engel, mein Gott – ich will ihn anbeten!

ROLLER: Eben diese Freunde wollen ja wir sein, lass dich doch weisen!

weisen: belehren

SCHWARZ: Komm mit uns in die böhmischen Wälder! Wir wollen eine Räuberbande sammeln, und du – *(Moor stiert ihn an.)*

SCHWEIZER: Du sollst unser Hauptmann sein! du musst unser Hauptmann sein!

SPIEGELBERG *(wirft sich wild in einen Sessel)*: Sklaven und Memmen!

MOOR: Wer blies dir das Wort ein? Höre, Kerl! *(Indem er Schwarzen hart ergreift.)* Das hast du nicht aus deiner Menschenseele hervorgeholt! wer blies dir das Wort ein? Ja, bei dem tausendarmigen Tod! das wollen wir, das müssen wir! Der Gedanke verdient Vergötterung – Räuber und Mörder! – So wahr meine Seele lebt, ich bin euer Hauptmann!

ALLE *(mit lärmendem Geschrei)*: Es lebe der Hauptmann!

SPIEGELBERG *(aufspringend, vor sich)*: Bis ich ihm hinhelfe!

MOOR: Siehe, da fällt's wie der Star von meinen Augen! was für ein Tor ich war, dass ich ins Keficht zurück wollte! – Mein Geist dürstet nach Taten, mein Atem nach Freiheit, – Mörder, Räuber! – mit diesem Wort war das Gesetz unter meine Füße gerollt – Menschen haben Menschheit vor mir verborgen, da ich an Menschheit appellierte, weg denn von mir, Sympathie und menschliche Schonung! – Ich habe keinen Vater mehr, ich habe keine Liebe mehr, und Blut und Tod soll mich vergessen lehren, dass mir jemals etwas teuer war! – Kommt, kommt! – Oh ich will mir eine fürchterliche Zerstreuung machen – es bleibt dabei, ich bin euer Hauptmann! und Glück zu dem Meister unter euch, der am wildesten sengt, am grässlichsten mordet, denn ich sage euch, er soll königlich belohnt werden – tretet her um mich ein jeder, und schwöret mir Treue und Gehorsam zu bis in den Tod! – schwört mir das bei dieser männlichen Rechte!

ALLE *(geben ihm die Hand)*: Wir schwören dir Treu und Gehorsam bis in den Tod!

MOOR: Nun, und bei dieser männlichen Rechte! schwör' ich euch hier, treu und standhaft euer Hauptmann zu bleiben bis in den Tod! Den soll dieser Arm gleich zur Leiche machen, der jemals zagt oder zweifelt, oder zurücktritt! Ein Gleiches widerfahre mir von jedem unter euch, wenn ich meinen Schwur verletze! Seid ihr's zufrieden? *(Spiegelberg läuft wütend auf und nieder.)*

ALLE *(mit aufgeworfenen Hüten)*: Wir sind's zufrieden.

MOOR: Nun dann, so lasst uns gehn! Fürchtet euch nicht vor Tod und Gefahr, denn über uns waltet ein unbeugsames Fatum! Jeden ereilet endlich sein Tag, es sei auf dem weichen Kissen von Flaum, oder im rauen Gewühl

ihm hinhelfe: ihm ins Jenseits hinüberhelfe, ihn töte

Keficht: Käfig

an Menschheit appellieren: Menschlichkeit anmahnen

Fatum: Schicksal

des Gefechts, oder auf offenem Galgen und Rad! Eins davon ist unser Schicksal! *(Sie gehen ab.)*

SPIEGELBERG *(ihnen nachsehend, nach einer Pause)*: Dein Register hat ein Loch. Du hast das Gift weggelassen. *(Ab.)*

Rad: Hinrichtungsart, vgl. »jmd. rädern«

Dein Register hat ein Loch: Du hast etwas vergessen.

Dritte Szene

Im Moorischen Schloss. Amaliens Zimmer.
Franz. Amalia.

FRANZ: Du siehst weg, Amalia? Verdien ich weniger als der, den der Vater verflucht hat?

AMALIA: Weg! – Ha des liebevollen, barmherzigen Vaters, der seinen Sohn Wölfen und Ungeheuern preisgibt! daheim labt er sich mit süßem köstlichem Wein und pflegt seiner morschen Glieder in Kissen von Eider, während sein großer, herrlicher Sohn darbt – schämt euch, ihr Unmenschen! schämt euch, ihr Drachenseelen, ihr Schande der Menschheit! – seinen einzigen Sohn!

Kissen von Eider: weich gefüllte Federkissen

FRANZ: Ich dächte, er hätt' ihrer zween.

AMALIA: Ja, er verdient solche Söhne zu haben, wie du bist. Auf seinem Todbett wird er umsonst die welken Hände ausstrecken nach seinem Karl und schaudernd zurückfahren, wenn er die eiskalte Hand seines Franzens fasst – oh es ist süß, es ist köstlich süß, von deinem Vater verflucht zu werden! Sprich, Franz, liebe brüderliche Seele, was muss man tun, wenn man von ihm verflucht sein will?

FRANZ: Du schwärmst, meine Liebe, du bist zu bedauern.

AMALIA: O ich bitte dich – bedauerst du deinen Bruder? – Nein, Unmensch, du hassest ihn! Du hassest mich doch auch?

FRANZ: Ich liebe dich, wie mich selbst, Amalia!

AMALIA: Wenn du mich liebst, kannst du mir wohl eine Bitte abschlagen?

FRANZ: Keine, keine! wenn sie nicht mehr ist, als mein Leben.

AMALIA: O, wenn das ist! Eine Bitte, die du so leicht, so gern erfüllen wirst, *(stolz)* – Hasse mich! Ich müsste feuerrot werden vor Scham, wenn ich an Karln denke und mir eben einfiel', dass du mich nicht hassest. Du versprichst mir's doch? – Itzt geh und lass mich, ich bin so gern allein!

FRANZ: Allerliebste Träumerin! wie sehr bewundere ich dein sanftes, liebevolles Herz. *(Ihr auf die Brust klopfend.)* Hier, hier herrschte Karl wie ein Gott in seinem Tempel, Karl stand vor dir im Wachen, Karl regierte in deinen Träumen, die ganze Schöpfung schien dir nur in den Einzigen zu zerfließen, den Einzigen widerzustrahlen, den Einzigen dir entgegenzutönen.

AMALIA *(bewegt)*: Ja wahrhaftig, ich gesteh' es. Euch Barbaren zum Trutz will ich's vor aller Welt gestehen – ich lieb' ihn.

FRANZ: Unmenschlich, grausam! Diese Liebe so zu belohnen! Die zu vergessen –

AMALIA *(auffahrend)*: Was, mich vergessen?

FRANZ: Hattest du ihm nicht einen Ring an den Finger gesteckt? einen Diamantring zum Unterpfand deiner Treu! – Freilich nun, wie kann auch ein Jüngling den Reizen einer Metze Widerstand tun? Wer wird's ihm auch verdenken, da ihm sonst nichts mehr übrig war wegzugeben, – und bezahlte sie ihn nicht mit Wucher dafür mit ihren Liebkosungen, ihren Umarmungen?

Metze: Hure

AMALIA *(aufgebracht)*: Meinen Ring einer Metze?

FRANZ: Pfui, pfui! das ist schändlich. Wohl aber, wenn's nur das wäre! – Ein Ring, so kostbar er auch ist, ist im Grunde bei jedem Juden wiederzuhaben – Vielleicht mag ihm die Arbeit daran nicht gefallen haben, vielleicht hat er einen schönern dafür eingehandelt.

AMALIA *(heftig)*: Aber m e i n e n Ring – ich sage m e i n e n Ring?

FRANZ: Keinen andern, Amalia – ha! solch ein Kleinod, und an meinem Finger – und von Amalia! – von hier sollt' ihn der Tod nicht gerissen haben – nicht wahr, Amalia, nicht die Kostbarkeit des Diamants, nicht die Kunst des Gepräges – die Liebe macht seinen Wert aus. – Liebstes Kind, du weinst? wehe über den, der diese köstlichen Tropfen aus so himmlischen Augen presst – ach, und wenn du erst alles wüsstest, ihn selbst sähest, ihn unter d e r Gestalt sähest? –

AMALIA: Ungeheuer! wie, unter welcher Gestalt?

FRANZ: Stille, stille, gute Seele, frage mich nicht aus! *(Wie vor sich, aber laut.)* Wenn es doch wenigstens nur einen Schleier hätte, das garstige Laster, sich dem Auge der Welt zu entstehlen! Aber da blickt's schrecklich durch den gelben, bleifarbenen Augenring; – da verrät sich's im totenblassen, eingefallenen Gesicht und dreht die Knochen hässlich hervor – da stammelt's in der halben, verstümmelten Stimme – da predigt's fürchterlich laut vom zitternden hinschwankenden Gerippe – da durchwühlt es der Knochen innerstes Mark und bricht die mannhafte Stärke der Jugend – da, da spritzt es den eitrichten, fressenden Schaum aus Stirn und Wangen und Mund und der ganzen Fläche des Leibes zum scheußlichen Aussatz hervor und nistet abscheulich in den Gruben der viehischen Schande – pfui, pfui! mir ekelt. Nasen, Augen, Ohren schütteln sich. – Du hast jenen Elenden gesehen, Amalia, der in unserm Siechenhause seinen Geist auskeuchte, die Scham schien ihr scheues Auge vor ihm zuzublinzeln – du ruftest Wehe über ihn aus. Ruf dieses Bild noch einmal ganz in deine Seele zu-

Kleinod: Schmuckstück

Gepräge: *hier* Verzierung

garstige Laster […] zu entstehlen: die hässlichen Symptome der Syphilis zu verbergen

eitricht: eitrig

Siechenhaus: Quarantänehaus, *hier* Totenhaus

rück, und Karl steht vor dir! – Seine Küsse sind Pest, seine Lippen vergiften die deinen!

AMALIA *(schlägt ihn)*: Schamloser Lästerer!

FRANZ: Graut dir vor diesem Karl? Ekelt dir schon von dem matten Gemälde? Geh, gaff ihn selbst an, deinen schönen, englischen, göttlichen Karl! Geh, sauge seinen balsamischen Atem ein und lass dich von den Ambrosiadüften begraben, die aus seinem Rachen dampfen! der bloße Hauch seines Mundes wird dich in jenen schwarzen todähnlichen Schwindel hauchen, der den Geruch eines berstenden Aases und den Anblick eines leichenvollen Walplatzes begleitet.

(Amalia wendet ihr Gesicht ab.)

FRANZ: Welches Aufwallen der Liebe! Welche Wollust in der Umarmung – aber ist es nicht ungerecht, einen Menschen um seiner siechen Außenseite willen zu verdammen? Auch im elendesten äsopischen Krüppel kann eine große, liebenswürdige Seele, wie ein Rubin aus dem Schlamme, glänzen. *(Boshaft lächelnd.)* Auch aus blattrichten Lippen kann ja die Liebe –
Freilich, wenn das Laster auch die Vesten des Charakters erschüttert, wenn mit der Keuschheit auch die Tugend davonfliegt, wie der Duft aus der welken Rose verdampft – wenn mit dem Körper auch der Geist zum Krüppel verdirbt –

AMALIA *(froh aufspringend)*: Ha! Karl! nun erkenn' ich dich wieder! du bist noch ganz! ganz! Alles war Lüge! – weißt du nicht, Bösewicht, dass Karl unmöglich das werden kann? *(Franz steht einige Zeit tiefsinnig, dann dreht er sich plötzlich, um zu gehen.)* Wohin so eilig, fliehst du vor deiner eigenen Schande?

FRANZ *(mit verhülltem Gesicht)*: Lass mich, lass mich! – meinen Tränen den Lauf lassen – tyrannischer Vater! den besten deiner Söhne so hinzugeben dem Elend –

englisch: *hier* engelsgleich

balsamisch: *hier ironisch* wohlriechend

Walplatz: Kampfplatz

äsopischer Krüppel: Der Fabeldichter Äsop soll verkrüppelt gewesen sein.

aus blattrichten Lippen: entstellt von Syphilis

Veste: Festung

der rings umgebenden Schande – lass mich, Amalia! ich will ihm zu Füßen fallen, auf den Knien will ich ihn beschwören, den ausgesprochenen Fluch auf mich, auf mich zu laden – mich zu enterben – mich – mein Blut – mein Leben – alles –

AMALIA *(fällt ihm um den Hals)*: Bruder meines Karls, bester, liebster Franz!

FRANZ: O Amalia! Wie lieb' ich dich um dieser unerschütterten Treue gegen meinen Bruder – verzeih, dass ich es wagte, deine Liebe auf diese harte Probe zu setzen! – Wie schön hast du meine Wünsche gerechtfertigt! – mit diesen Tränen, diesen Seufzern, diesem himmlischen Unwillen – auch für mich, für mich – unsere Seelen stimmten so zusammen.

AMALIA: O nein, das taten sie nie!

FRANZ: Ach, sie stimmten so harmonisch zu, ich meinte immer, wir müssten Zwillinge sein! Und wär' der leidige Unterschied von außen nicht, wobei leider freilich ich verlieren muss, wir würden zehnmal verwechselt. Du bist, sagt' ich oft zu mir selbst, ja, du bist der ganze Karl, sein Echo, sein Ebenbild!

AMALIA *(schüttelt den Kopf)*: Nein, nein, bei jenem keuschen Lichte des Himmels! kein Äderchen von ihm, kein Fünkchen von seinem Gefühle –

FRANZ: So ganz gleich in unsern Neigungen – die Rose war seine liebste Blume – welche Blume war mir über die Rose? Er liebte die Musik unaussprechlich, und ihr seid Zeugen, ihr Sterne! ihr habt mich so oft in der Totenstille der Nacht beim Klaviere belauscht, wenn alles um mich begraben lag in Schatten und Schlummer – und wie kannst du noch zweifeln, Amalia, wenn unsere Liebe in einer Vollkommenheit zusammentraf, und wenn die Liebe die nämliche ist, wie könnten ihre Kinder entarten?

über: mehr wert als

(Amalia sieht ihn verwundert an.)

FRANZ: Es war ein stiller, heiterer Abend, der letzte, eh er nach Leipzig abreiste, da er mich mit sich in jene Laube nahm, wo ihr so oft zusammensaßet in Träumen der Liebe – stumm blieben wir lang – zuletzt ergriff er meine Hand und sprach leise mit Tränen: Ich verlasse Amalia, ich weiß nicht – mir ahndet's, als hieß es auf ewig – verlass sie nicht, Bruder! – sei ihr Freund – ihr Karl – wenn Karl – nimmer – wiederkehrt – *(Er stürzt vor ihr nieder und küsst ihr die Hand mit Heftigkeit.)* Nimmer, nimmer, nimmer wird er wiederkehren, und ich hab's ihm zugesagt mit einem heiligen Eide!

ahndete: ahnte

AMALIA *(zurückspringend)*: Verräter, wie ich dich ertappe! In eben dieser Laube beschwur er mich, keiner andern Liebe – wenn er sterben sollte – siehst du, wie gottlos, wie abscheulich du – geh aus meinen Augen!

FRANZ: Du kennst mich nicht, Amalia, du kennst mich gar nicht!

AMALIA: O ich kenne dich, von itzt an kenn' ich dich – und du wolltest ihm gleich sein? Vor dir sollt' er um mich geweint haben? Vor dir? Ehe hätt' er meinen Namen auf den Pranger geschrieben! Geh den Augenblick!

Pranger: Schandpfahl, öffentliche Zurschaustellung von Bestraften

FRANZ: Du beleidigst mich!

AMALIA: Geh, sag' ich. Du hast mir eine kostbare Stunde gestohlen, sie werde dir an deinem Leben abgezogen.

FRANZ: Du hassest mich.

AMALIA: Ich verachte dich, geh!

FRANZ *(mit den Füßen stampfend)*: Wart! so sollst du vor mir zittern! Mich einem Bettler aufopfern? *(Zornig ab.)*

AMALIA: Geh, Lotterbube – itzt bin ich wieder bei Karln – Bettler, sagt er? so hat die Welt sich umgedreht, Bettler sind Könige, und Könige sind Bettler! – Ich möchte die Lumpen, die er anhat, nicht mit dem Purpur der Gesalbten vertauschen – der Blick, mit dem er bettelt, das

Lotterbube: Taugenichts

Purpur der Gesalbten: Mantel der Könige

muss ein großer, ein königlicher Blick sein – ein Blick, der die Herrlichkeit, den Pomp, die Triumphe der Großen und Reichen zernichtet! In den Staub mit dir, du prangendes Geschmeide! *(Sie reißt sich die Perlen vom Hals.)* Seid verdammt, Gold und Silber und Juwelen zu tragen, ihr Großen und Reichen! Seid verdammt, an üppigen Mahlen zu zechen! Verdammt, euren Gliedern wohl zu tun auf weichen Polstern der Wollust! Karl! Karl! so bin ich dein wert – *(Ab.)*

Zweiter Akt

Erste Szene

FRANZ VON MOOR *(nachdenkend in seinem Zimmer)*: Es dauert mir zu lange – der Doktor will, er sei im Umkehren – das Leben eines Alten ist doch eine Ewigkeit! – Und nun wär' freie, ebene Bahn bis auf diesen ärgerlichen zähen Klumpen Fleisch, der mir, gleich dem unterirdischen Zauberhund in den Geistermärchen, den Weg zu meinen Schätzen verrammelt.

> Er sei im Umkehren: es ginge ihm besser

Müssen denn aber meine Entwürfe sich unter das eiserne Joch des Mechanismus beugen? – Soll sich mein hochfliegender Geist an den Schneckengang der Materie ketten lassen? – Ein Licht ausgeblasen, das ohnehin nur mit den letzten Öltropfen noch wuchert – mehr ist's nicht – Und doch möcht' ich das nicht gern selbst getan haben, um der Leute willen. Ich möchte ihn nicht gern getötet, aber abgelebt. Ich möcht es machen wie der gescheite Arzt, nur umgekehrt. – Nicht der Natur durch einen Querstreich den Weg verrannt, sondern sie in ihrem eigenen Gange befördert. Und wir vermögen doch wirklich die Bedingungen des Lebens zu verlängern, warum sollten wir sie nicht auch verkürzen können?

> Entwurf: Plan

Philosophen und Mediziner lehren mich, wie treffend die Stimmungen des Geists mit den Bewegungen der Maschine zusammenlauten. Gichtrische Empfindungen werden jederzeit von einer Dissonanz der mechanischen Schwingungen begleitet – Leidenschaften misshandeln die Lebenskraft – der überladene Geist drückt sein Gehäuse zu Boden – Wie denn nun? – Wer es verstünde, dem Tod diesen ungebahnten Weg in das Schloss des Lebens zu ebenen? – den Körper vom Geist

> gichtrisch: krampfhaft

aus zu verderben – ha! ein Originalwerk! – wer das zu Stand brächte! – Ein Werk ohnegleichen! – Sinne nach, Moor! – das wär' eine Kunst, die's verdiente, dich zum Erfinder zu haben. Hat man doch die Giftmischerei beinahe in den Rang einer ordentlichen Wissenschaft erhoben und die Natur durch Experimente gezwungen ihre Schranken anzugeben, dass man nunmehr des Herzens Schläge jahrlang vorausrechnet und zu dem Pulse spricht: bis hieher und nicht weiter! – Wer sollte nicht auch hier seine Flügel versuchen?

Eine Frau in Paris soll es durch ordentlich angestellte Versuche mit Giftpulvern so weit gebracht haben, dass sie den entfernten Todestag mit ziemlicher Zuverlässigkeit vorausbestimmen konnte. Pfui über unsere Ärzte, die diese Frau im Prognostizieren beschämt!

Und wie ich nun werde zu Werk gehen müssen, diese süße, friedliche Eintracht der Seele mit ihrem Leibe zu stören? Welche Gattung von Empfindnissen ich werde wählen müssen? Welche wohl den Flor des Lebens am grimmigsten anfeinden? Zorn? – dieser heißhungrige Wolf frisst sich zu schnell satt – Sorge? – dieser Wurm nagt mir zu langsam – Gram? diese Natter schleicht mir zu träge – Furcht? die Hoffnung lässt sie nicht umgreifen – was? sind das all die Henker des Menschen? – Ist das Arsenal des Todes so bald erschöpft? – *(Tiefsinnend.)* Wie? – Nun? – Was? Nein! – Ha! *(Auffahrend.)* Schreck! – Was kann der Schreck nicht? – Was kann Vernunft, Religion wider dieses Giganten eiskalte Umarmung? – Und doch? – Wenn er auch diesem Sturm stünde? – Wenn er? – O so komme du mir zu Hülfe, Jammer, und du Reue, höllische Eumenide, grabende Schlange, die ihren Fraß wiederkäut und ihren eigenen Kot wiederfrisst, ewige Zerstörerinnen und ewige Schöpferinnen eures Giftes, und du, heulende Selbstverklagung, die du dein eigen Haus verwüstest und deine eigene Mutter verwundest – Und kommt auch ihr mir zu Hülfe, wohltätige Grazien selbst, sanft lächelnde Vergangenheit, und du mit dem überquellenden Füllhorn, blühende Zukunft, haltet ihm in euren

Flor:
Blüte

Eumenide:
griech. Mythologie Rachegöttin

Grazie:
röm. Mythologie Göttin der Anmut

Spiegeln die Freuden des Himmels vor, wenn euer fliehender Fuß seinen geizigen Armen entgleitet – So fall' ich, Streich auf Streich, Sturm auf Sturm, dieses zerbrechliche Leben an, bis den Furientrupp zuletzt schließt – die Verzweiflung! Triumph! Triumph! – Der Plan ist fertig – schwer und kunstvoll wie keiner – zuverlässig – sicher – denn *(spöttisch)* des Zergliederers Messer findet ja keine Spuren von Wunde oder korrosivischem Gift.

(Entschlossen.) Wohlan denn! *(Hermann tritt auf.)* Ha! Deus ex machina! Hermann!

HERMANN: Zu Euren Diensten, gnädiger Junker!

FRANZ *(gibt ihm die Hand)*: Die du keinem Undankbaren erweisest.

HERMANN: Ich hab' Proben davon.

FRANZ: Du sollst mehr haben mit nächstem – mit nächstem, Hermann! – Ich habe dir etwas zu sagen, Hermann.

HERMANN: Ich höre mit tausend Ohren.

FRANZ: Ich kenne dich, du bist ein entschlossner Kerl – Soldatenherz – Haar auf der Zunge! – Mein Vater hat dich sehr beleidigt, Hermann!

HERMANN: Der Teufel hole mich, wenn ich's vergesse!

FRANZ: Das ist der Ton eines Mannes! Rache geziemt einer männlichen Brust. Du gefällst mir, Hermann. Nimm diesen Beutel, Hermann. Er sollte schwerer sein, wenn ich erst Herr wäre.

HERMANN: Das ist ja mein ewiger Wunsch, gnädiger Junker, ich dank' Euch.

FRANZ: Wirklich, Hermann? wünschest du wirklich, ich wäre Herr? – aber mein Vater hat das Mark eines Löwen, und ich bin der jüngere Sohn.

HERMANN: Ich wollt', Ihr wärt der ältere Sohn und Euer Vater hätte das Mark eines schwindsüchtigen Mädchens.

geizig: *hier* gierig

korrosivisch: zersetzend

Deus ex machina: *hier* er kommt wie gerufen

FRANZ: Ha! wie dich der ältere Sohn dann belohnen wollte! wie er dich aus diesem unedlen Staub, der sich so wenig mit deinem Geist und Adel verträgt, ans Licht emporheben wollte! – Dann solltest du, ganz wie du da bist, mit Gold überzogen werden und mit vier Pferden durch die Straßen dahinrasseln, wahrhaftig, das solltest du! – aber ich vergesse, wovon ich dir sagen wollte – hast du das Fräulein von Edelreich schon vergessen, Hermann?

HERMANN: Wetter Element! was erinnert Ihr mich an das?

FRANZ: Mein Bruder hat sie dir weggefischt.

HERMANN: Er soll dafür büßen!

FRANZ: Sie gab dir einen Korb. Ich glaube gar, er warf dich die Treppen hinunter.

HERMANN: Ich will ihn dafür in die Hölle stoßen.

FRANZ: Er sagte: man raune sich einander ins Ohr, du seist zwischen dem Rindfleisch und Meerrettich gemacht worden, und dein Vater habe dich nie ansehen können, ohne an die Brust zu schlagen und zu seufzen: Gott sei mir Sünder gnädig!

zwischen […] Meerrettich: mal so nebenbei

HERMANN *(wild)***:** Blitz, Donner und Hagel, seid still!

FRANZ: Er riet dir, deinen Adelbrief im Aufstreich zu verkaufen, und deine Strümpfe damit flicken zu lassen.

Aufstreich: Verkauf an den Meistbietenden

HERMANN: Alle Teufel! ich will ihm die Augen mit den Nägeln auskratzen.

FRANZ: Was? du wirst böse? was kannst du böse auf ihn sein? Was kannst du ihm Böses tun? Was kann so eine Ratze gegen einen Löwen? Dein Zorn versüßt ihm seinen Triumph nur. Du kannst nichts tun, als deine Zähne zusammenschlagen, und deine Wut an trocknem Brote auslassen.

Ratze: Ratte

HERMANN *(stampft auf den Boden)***:** Ich will ihn zu Staub zerreiben.

FRANZ *(klopft ihm auf die Achsel)*: Pfui, Hermann, du bist ein Kavalier. Du musst den Schimpf nicht auf dir sitzen lassen. Du musst das Fräulein nicht fahren lassen, nein das musst du um alle Welt nicht tun, Hermann! Hagel und Wetter! Ich würde das Äußerste versuchen, wenn ich an deiner Stelle wäre.

HERMANN: Ich ruhe nicht, bis ich ihn und ihn unterm Boden hab.

ihn und ihn: betont durch Wiederholung

FRANZ: Nicht so stürmisch, Hermann! Komm näher – du sollst Amalia haben!

HERMANN: Das muss ich, trutz dem Teufel! das muss ich!

FRANZ: Du sollst sie haben, sag ich dir, und das von meiner Hand. Komm näher, sag ich – du weißt vielleicht nicht, dass Karl so gut als enterbt ist?

HERMANN *(näher kommend)*: Unbegreiflich, das erste Wort, das ich höre.

FRANZ: Sei ruhig, und höre weiter! du sollst ein andermal mehr davon hören – ja, ich sage dir, seit elf Monaten so gut als verbannt. Aber schon bereut der Alte den voreiligen Schritt, den er doch, *(Lachend.)* will ich hoffen, nicht selbst getan hat. Auch liegt ihm die Edelreich täglich hart an mit ihren Vorwürfen und Klagen. Über kurz oder lang wird er ihn in allen vier Enden der Welt aufsuchen lassen, und gute Nacht, Hermann! wenn er ihn findet. Du kannst ihm ganz demütig die Kutsche halten, wenn er mit ihr in die Kirche zur Trauung fährt.

liegt ihm hart an: setzt ihm zu

HERMANN: Ich will ihn am Kruzifix erwürgen!

am Kruzifix: beim Beten vorm Kreuz

FRANZ: Der Vater wird ihm bald die Herrschaft abtreten, und in Ruhe auf seinen Schlössern leben. Itzt hat der stolze Strudelkopf den Zügel in Händen, itzt lacht er seiner Hasser und Neider – und ich, der ich dich zu einem wichtigen großen Manne machen wollte, ich selbst, Hermann, werde tiefgebückt vor seiner Türschwelle –

Strudelkopf: nervöser, wirrer Mensch

HERMANN *(in Hitze)*: Nein, so wahr ich Hermann heiße, das sollt Ihr nicht! wenn noch ein Fünkchen Verstand in diesem Gehirne glostet, das sollt Ihr nicht!

FRANZ: Wirst du es hindern? Auch dich, mein lieber Hermann, wird er seine Geißel fühlen lassen, wird dir ins Angesicht speien, wenn du ihm auf der Straße begegnest, und wehe dir dann, wenn du die Achsel zuckst oder das Maul krümmst – siehe, so steht's mit deiner Anwerbung ums Fräulein, mit deinen Aussichten, mit deinen Entwürfen.

HERMANN: Sagt mir! Was soll ich tun?

FRANZ: Höre dann, Hermann, dass du siehst, wie ich mir dein Schicksal zu Herzen nehme als ein redlicher Freund – geh – kleide dich um – mach dich ganz unkenntlich, lass dich beim Alten melden, gib vor, du kämest geraden Wegs aus Böhmen, hättest mit meinem Bruder dem Treffen bei Prag beigewohnt – hättest ihn auf der Walstatt den Geist aufgeben sehen –

HERMANN: Wird man mir glauben?

FRANZ: Hoho! dafür lass mich sorgen! Nimm dieses Paket. Hier findest du deine Kommission ausführlich. Und Dokumente dazu, die den Zweifel selbst glaubig machen sollen – Mach itzt nur, dass du fortkommst, und ungesehen! Spring durch die Hintertüre in den Hof, von da über die Gartenmauer – die Katastrophe dieser Tragikomödie überlass mir!

HERMANN: Und die wird sein: Vivat der neue Herr, Franziskus von Moor!

FRANZ *(streichelt ihm die Backen)*: Wie schlau du bist! – denn siehst du, auf diese Art erreichen wir alle Zwecke zumal und bald. Amalia gibt ihre Hoffnung auf ihn auf. Der Alte misst sich den Tod seines Sohnes bei, und – er kränkelt – ein schwankendes Gebäude braucht des Erdbebens nicht, um übern Haufen zu fallen – er wird die

glostet: glimmt

das Maul krümmst: dich demütigst

Kommission: Auftrag

glaubig: gläubig

Vivat: Hoch lebe […]

misst sich bei: schreibt sich zu

Nachricht nicht überleben – dann bin ich sein einiger Sohn – Amalia hat ihre Stützen verloren und ist ein Spiel meines Willens, da kannst du leicht denken – kurz, alles geht nach Wunsch – aber du musst dein Wort nicht zurücknehmen!

einiger: einziger

HERMANN: Was sagt ihr? *(Frohlockend.)* Eh soll die Kugel in ihren Lauf zurückkehren und in dem Eingeweid ihres Schützen wüten – rechnet auf mich! Lasst nur mich machen – Adieu!

FRANZ *(ihm nachrufend)*: Die Ernte ist dein, lieber Hermann! – *(Allein.)* Wenn der Ochse den Kornwagen in die Scheune gezogen hat, so muss er mit Heu vorlieb nehmen. Dir eine Stallmagd, und keine Amalia! *(Geht ab.)*

Zweite Szene

Des alten Moors Schlafzimmer
Der alte Moor schlafend in einem Lehnsessel. Amalia.

AMALIA *(sachte herbeischleichend)*: Leise, leise! er schlummert. *(Sie stellt sich vor den Schlafenden.)* Wie schön, wie ehrwürdig! – ehrwürdig, wie man die Heiligen malt – nein, ich kann dir nicht zürnen! Weißlockigtes Haupt, dir kann ich nicht zürnen! Schlummre sanft, wache froh auf, ich allein will hingehn und leiden.

DER ALTE MOOR *(träumend)*: Mein Sohn! mein Sohn! mein Sohn!

AMALIA *(ergreift seine Hand)*: Horch, horch! sein Sohn ist in seinen Träumen.

DER ALTE MOOR: Bist du da? bist du wirklich? ach! wie siehst du so elend! Sieh mich nicht an mit diesem kummervollen Blick! ich bin elend genug.

AMALIA *(weckt ihn schnell)*: Seht auf, lieber Greis! Ihr träumtet nur. Fasst Euch!

DER ALTE MOOR *(halb wach)*: Er war nicht da? drückt ich nicht seine Hände? Garstiger Franz! willst du ihn auch meinen Träumen entreißen?

AMALIA: Merkst du's, Amalia?

DER ALTE MOOR *(ermuntert sich)*: Wo ist er? wo? wo bin ich? du da, Amalia?

AMALIA: Wie ist Euch? Ihr schlieft einen erquickenden Schlummer.

DER ALTE MOOR: Mir träumte von meinem Sohn. Warum hab' ich nicht fortgeträumt? vielleicht hätte ich Verzeihung erhalten aus seinem Munde.

AMALIA: Engel grollen nicht – er verzeiht Euch. *(Fasst seine Hand mit Wehmut.)* Vater meines Karls! ich verzeih' Euch.

DER ALTE MOOR: Nein, meine Tochter! diese Totenfarbe deines Angesichts verdammt den Vater. Armes Mädchen! Ich brachte dich um die Freuden deiner Jugend – o fluche mir nicht!

AMALIA *(küsst seine Hand mit Zärtlichkeit)*: Euch?

DER ALTE MOOR: Kennst du dieses Bild, meine Tochter?

AMALIA: Karls! –

DER ALTE MOOR: So sah er, als er ins sechzehente Jahr ging. Itzt ist er anders – Oh es wütet in meinem Innern – diese Milde ist Unwillen, dieses Lächeln Verzweiflung – Nicht wahr, Amalia? Es war an seinem Geburtstage in der Jasminlaube, als du ihn maltest? – Oh meine Tochter! Eure Liebe machte mich so glücklich.

AMALIA (*immer das Auge auf das Bild geheftet)*: Nein, nein! er ist's nicht. Bei Gott! das ist Karl nicht – Hier, hier *(Auf Herz und Stirne zeigend)*. So ganz, so anders. Die träge Farbe reicht nicht, den himmlischen Geist nachzuspiegeln, der in seinem feurigen Auge herrschte. Weg damit! dies ist so menschlich! Ich war eine Stümperin.

DER ALTE MOOR: Dieser huldreiche, erwärmende Blick – wär' er vor meinem Bette gestanden, ich hätte gelebt mitten im Tode! Nie, nie wär' ich gestorben!

AMALIA: Nie, nie wärt Ihr gestorben! Es wär' ein Sprung gewesen, wie man von einem Gedanken auf einen andern und schönern hüpft – dieser Blick hätt' Euch übers Grab hinüber geleuchtet. Dieser Blick hätt' Euch über die Sterne getragen!

DER ALTE MOOR: Es ist schwer, es ist traurig! Ich sterbe, und mein Sohn Karl ist nicht hier – ich werde zu Grabe getragen, und er weint nicht an meinem Grabe – wie süß ist's, eingewiegt zu werden in den Schlaf des Todes von dem Gebet eines Sohnes – das ist Wiegengesang.

AMALIA *(schwärmend)*: Ja süß, himmlisch süß ist's, eingewiegt zu werden in den Schlaf des Todes von dem Gesang des Geliebten – vielleicht träumt man auch im Grabe noch fort – ein langer, ewiger unendlicher Traum von Karln, bis man die Glocke der Auferstehung läutet – *(aufspringend, entzückt)* und von itzt an in seinen Armen auf ewig. *(Pause. Sie geht ans Klavier und spielt.)*

Willst dich, Hektor, ewig mir entreißen,
Wo des Äaciden mordend Eisen
Dem Patroklus schröcklich Opfer bringt?
Wer wird künftig deinen Kleinen lehren
Speere werfen und die Götter ehren,
Wenn hinunter dich der Xanthus schlingt?

Hektor […] Patroklus: Helden der Sage um Troja

Xanthus: Fluss bei Troja

DER ALTE MOOR: Ein schönes Lied, meine Tochter. Das musst du mir vorspielen, eh ich sterbe.

AMALIA: Es ist der Abschied Andromachas und Hektors – Karl und ich haben's oft zusammen zu der Laute gesungen. *(Spielt fort.)*

Andromache: Hektors Frau

Teures Weib, geh, hol' die Todeslanze,
Lass mich fort zum wilden Kriegestanze!
Meine Schultern tragen Ilium;

Ilium: Troja

Über Astyanax unsre Götter!
Hektor fällt, ein Vaterlandserretter,
Und wir sehn uns wieder in Elysium.

Astynax: Hektors Sohn

Elysium: Insel der Seligen

Daniel.

DANIEL: Es wartet draußen ein Mann auf Euch. Er bittet, vorgelassen zu werden, er hab Euch eine wichtige Zeitung.

DER ALTE MOOR: Mir ist auf der Welt nur etwas wichtig, du weißt's, Amalia – ist's ein Unglücklicher, der meiner Hülfe bedarf? Er soll nicht mit Seufzen von hinnen gehn.

AMALIA: Ist's ein Bettler, er soll eilig herauf kommen. *(Daniel ab.)*

DER ALTE MOOR: Amalia! Amalia! schone meiner!

AMALIA *(spielt fort)*:

Nimmer lausch' ich deiner Waffen Schalle,
Einsam liegt dein Eisen in der Halle,
Priams großer Heldenstamm verdirbt!
Du wirst hingehn, wo kein Tag mehr scheinet,
Der Cocytus durch die Wüsten weinet,
Deine Liebe in dem Lethe stirbt.

All mein Sehnen, all mein Denken
Soll der schwarze Lethefluss ertränken,
Aber meine Liebe nicht!
Horch! der Wilde rast schon an den Mauren –
Gürte mir das Schwert um, lass das Trauren!
Hektors Liebe stirbt im Lethe nicht.

Priamos: letzter König von Troja, Hektors Vater

Cocytus: *griech. Mythologie* Fluss der Unterwelt, Fluss des Wehklagens

Lethe: *griech. Mythologie* Fluss der Unterwelt, gewährt Vergessen

Franz. Hermann verkappt. Daniel.

FRANZ: Hier ist der Mann. Schröckliche Botschaften, sagt er, warten auf Euch. Könnt Ihr sie hören?

verkappt: verkleidet

DER ALTE MOOR: Ich kenne nur e i n e. Tritt her, mein Freund, und schone mein nicht! Reicht ihm einen Becher Wein!

HERMANN *(mit veränderter Stimme)*: Gnädiger Herr! Lasst es einen armen Mann nicht entgelten, wenn er wider Willen Euer Herz durchbohrt. Ich bin ein Fremdling in diesem Lande, aber Euch kenne ich sehr gut, Ihr seid der Vater Karls von Moor.

DER ALTE MOOR: Woher weißt du das?

HERMANN: Ich kannte Euren Sohn –

AMALIA *(auffahrend)*: Er lebt? lebt? Du kennst ihn? wo ist er? wo, wo? *(Will hinwegrennen.)*

DER ALTE MOOR: Du weißt von meinem Sohn?

HERMANN: Er studierte in Leipzig. Von da zog er, ich weiß nicht wie weit, herum. Er durchschwärmte Deutschland in die Runde und, wie er mir sagte, mit unbedecktem Haupt, barfuß, und erbettelte sein Brot vor den Türen. Fünf Monate drauf brach der leidige Krieg zwischen Preußen und Österreich wieder aus, und da er auf der Welt nichts mehr zu hoffen hatte, zog ihn der Hall von Friedrichs siegreicher Trommel nach Böhmen. Erlaubt mir, sagte er zum großen Schwerin, dass ich den Tod sterbe auf dem Bette der Helden, ich hab keinen Vater mehr! –

der leidige Krieg: der Siebenjährige Krieg (1756–63)

Friedrich: Friedrich der Große (1712–86)

Schwerin: Kurt Christoph Graf von Schwerin (1684–1757), preußischer Feldmarschall im Siebenjährigen Krieg

DER ALTE MOOR: Sieh mich nicht an, Amalia!

HERMANN: Man gab ihm eine Fahne. Er flog den preußischen Siegesflug mit. Wir kamen zusammen unter ein Zelt zu liegen. Er sprach viel von seinem alten Vater und von bessern, vergangenen Tagen – und von vereitelten Hoffnungen – uns standen die Tränen in den Augen.

DER ALTE MOOR *(verhüllt sein Haupt in das Kissen)*: Stille, o stille!

HERMANN: Acht Tage drauf war das heiße Treffen bei Prag – ich darf Euch sagen, Euer Sohn hat sich gehalten wie ein wackerer Kriegsmann. Er tat Wunder vor den Augen der Armee. Fünf Regimenter mussten neben ihm wechseln, er stand. Feuerkugeln fielen rechts und links, Euer Sohn stand. Eine Kugel zerschmetterte ihm die rechte Hand, Euer Sohn nahm die Fahne in die linke, und stand –

AMALIA *(in Entzückung)*: Hektor, Hektor! hört Ihr's? Er stand –

HERMANN: Ich traf ihn am Abend der Schlacht niedergesunken unter Kugelgepfeife, mit der Linken hielt er das stürzende Blut, die Rechte hatte er in die Erde gegraben. Bruder! rief er mir entgegen, es lief ein Gemurmel durch die Glieder, der General sei vor einer Stunde gefallen – er ist gefallen, sagt ich, und du? – Nun, wer ein braver Soldat ist, rief er und ließ die linke Hand los, der folge seinem General wie ich! Bald darauf hauchte er seine große Seele dem Helden zu.

Glieder: Schlachtreihen

brav: tapfer

FRANZ *(wild auf Hermann losgehend)*: Dass der Tod deine verfluchte Zunge versiegle! Bist du hierher kommen, unserem Vater den Todesstoß zu geben? – Vater! Amalia! Vater!

HERMANN: Es war der letzte Wille meines sterbenden Kameraden. Nimm dies Schwert, röchelte er, du wirst's meinem alten Vater überliefern, das Blut seines Sohnes klebt daran; er ist gerochen, er mag sich weiden. Sag ihm, sein Fluch hätte mich gejagt in Kampf und Tod, ich sei gefallen in Verzweiflung! Sein letzter Seufzer war Amalia.

gerochen: gerächt

AMALIA *(wie aus einem Todesschlummer aufgejagt)*: Sein letzter Seufzer, Amalia!

DER ALTE MOOR *(grässlich schreiend, sich die Haare ausraufend)*: Mein Fluch ihn gejagt in den Tod! gefallen in Verzweiflung!

FRANZ *(umherirrend im Zimmer)*: Oh! was habt Ihr gemacht, Vater? Mein Karl, mein Bruder!

HERMANN: Hier ist das Schwert, und hier ist auch ein Porträt, das er zu gleicher Zeit aus dem Busen zog! Es gleicht diesem Fräulein auf ein Haar. Dies soll meinem Bruder Franz, sagte er, – ich weiß nicht, was er damit sagen wollte.

FRANZ *(wie erstaunt)*: Mir? Amalias Porträt? Mir, Karl, Amalia? Mir?

AMALIA *(heftig auf Hermann losgehend)*: Feiler bestochener Betrüger! *(Fasst ihn hart an.)*

feiler: käuflicher

HERMANN: Das bin ich nicht, gnädiges Fräulein. Sehet selbst, ob's nicht Euer Bild ist – Ihr mögt's ihm wohl selbst gegeben haben.

FRANZ: Bei Gott! Amalia, das deine! Es ist wahrlich das deine!

AMALIA *(gibt ihm das Bild zurück)*: Mein, mein! O Himmel und Erde!

DER ALTE MOOR *(schreiend, sein Gesicht zerfleischend)*: Wehe, wehe! mein Fluch ihn gejagt in den Tod! gefallen in Verzweiflung!

FRANZ: Und er gedachte meiner in der letzten schweren Stunde des Scheidens, meiner! Englische Seele – da schon das schwarze Panier des Todes über ihm rauschte – meiner! –

Panier: Banner

DER ALTE MOOR *(lallend)*: Mein Fluch ihn gejagt in den Tod, gefallen mein Sohn in Verzweiflung! –

HERMANN: Den Jammer steh' ich nicht aus. Lebt wohl, alter Herr! *(Leise zu Franz.)* Warum habt Ihr auch das gemacht, Junker? *(Geht schnell ab.)*

AMALIA *(aufspringend, ihm nach)*: Bleib, bleib! Was waren seine letzten Worte?

HERMANN *(zurückrufend)*: Sein letzter Seufzer war Amalia. *(Ab.)*

AMALIA: Sein letzter Seufzer war Amalia! – Nein, du bist kein Betrüger! So ist es wahr – wahr – er ist tot! – tot! – *(hin und her taumelnd, bis sie umsinkt)* tot – Karl ist tot –

FRANZ: Was seh' ich? Was steht da auf dem Schwert? geschrieben mit Blut – Amalia!

AMALIA: Von ihm?

FRANZ: Seh' ich recht oder träum ich? Siehe da mit blutiger Schrift: Franz, verlass meine Amalia nicht! Sieh doch! sieh doch! – Und auf der andern Seite: Amalia, deinen Eid zerbrach der allgewaltige Tod! – Siehst du nun, siehst du nun? Er schrieb's mit erstarrender Hand, schrieb's mit dem warmen Blut seines Herzens, schrieb's an der Ewigkeit feierlichem Rande! Sein fliehender Geist verzog, Franz und Amalia noch zusammenzuknüpfen.

verzog: verweilte

AMALIA: Heiliger Gott! es ist seine Hand. – Er hat mich nie geliebt! *(Schnell ab.)*

FRANZ *(auf den Boden stampfend)*: Verzweifelt! meine ganze Kunst erliegt an dem Starrkopf.

DER ALTE MOOR: Wehe, wehe! Verlass mich nicht, meine Tochter! – Franz, Franz! gib mir meinen Sohn wieder!

FRANZ: Wer war's, der ihm den Fluch gab? Wer war's, der seinen Sohn jagte in Kampf und Tod und Verzweiflung? – Oh! er war ein Engel, ein Kleinod des Himmels. Fluch über seine Henker! Fluch, Fluch über Euch selber! –

DER ALTE MOOR *(schlägt mit geballter Faust wider Brust und Stirn)*: Er war ein Engel, war Kleinod des Himmels! Fluch, Fluch, Verderben, Fluch über mich selber! Ich bin der Vater, der seinen großen Sohn erschlug. Mich liebt' er bis in den Tod! mich zu rächen, rannte er in Kampf und Tod! Ungeheuer, Ungeheuer! *(Wütet wider sich selber.)*

FRANZ: Er ist dahin, was helfen späte Klagen? *(Höhnisch lachend.)* Es ist leichter morden, als lebendig machen. Ihr werdet ihn nimmer aus seinem Grabe zurückholen.

DER ALTE MOOR: Nimmer, nimmer, nimmer aus dem Grabe zurückholen! Hin, verloren auf ewig! – Und du hast mir den Fluch aus dem Herzen geschwätzt, du – du – Meinen Sohn mir wieder!

FRANZ: Reizt meinen Grimm nicht. Ich verlass' Euch im Tode! –

DER ALTE MOOR: Scheusal! Scheusal! Schaff mir meinen Sohn wieder! *(Fährt aus dem Sessel, will Franzen an der Gurgel fassen, der ihn zurückschleudert.)*

FRANZ: Kraftlose Knochen! ihr wagt es – sterbt! verzweifelt! *(Ab.)*

DER ALTE MOOR: Tausend Flüche donnern dir nach! Du hast mir meinen Sohn aus den Armen gestohlen. *(Voll Verzweiflung hin und her geworfen im Sessel.)* Wehe, wehe! Verzweifeln, aber nicht sterben! – Sie fliehen, verlassen mich im Tode – meine gute Engel fliehen von mir, weichen alle die Heiligen vom eisgrauen Mörder – Wehe! Wehe! will mir keiner das Haupt halten, will keiner die ringende Seele entbinden? Keine Söhne! keine Töchter! keine Freunde! – Menschen nur – Will keiner, allein – verlassen – Wehe! Wehe! – Verzweifeln, aber nicht sterben!

will keiner […] entbinden: will mir keiner beistehen in meiner Not?

Amalia mit verweinten Augen.

DER ALTE MOOR: Amalia! Bote des Himmels! Kommst du, meine Seele zu lösen?

AMALIA *(mit sanfterem Ton)*: Ihr habt einen herrlichen Sohn verloren.

DER ALTE MOOR: E r m o r d e t willst du sagen. Mit diesem Zeugnis belastet tret' ich vor den Richterstuhl Gottes.

AMALIA: Nicht also, jammervoller Greis! der himmlische Vater rückt' ihn zu sich. Wir wären zu glücklich gewesen auf dieser Welt. – Droben, droben über den Sonnen – Wir sehn ihn wieder.

DER ALTE MOOR: Wiedersehen, wiedersehen! Oh es wird mir durch die Seele schneiden ein Schwert – Wenn ich ein Heiliger ihn unter den Heiligen finde – mitten im Himmel werden durch mich schauern Schauer der Hölle! im Anschauen des Unendlichen mich zermalmen die Erinnerung: Ich hab' meinen Sohn ermordet!

AMALIA: Oh, er wird Euch die Schmerzerinnerung aus der Seele lächeln, seid doch heiter, lieber Vater! ich bin's so ganz. Hat er nicht schon den himmlischen Hörern den Namen Amalia vorgesungen auf der seraphischen Harfe, und die himmlischen Hörer lispelten leise ihn nach? Sein letzter Seufzer war ja Amalia! wird nicht sein erster Jubel Amalia sein?

seraphische Harfe: Engelsharfe

DER ALTE MOOR: Himmlischer Trost quillt von deinen Lippen! Er wird mir lächeln, sagst du? Vergeben? du musst bei mir bleiben, Geliebte meines Karls, wenn ich sterbe.

AMALIA: Sterben ist Flug in seine Arme. Wohl Euch! Ihr seid zu beneiden. Warum sind diese Gebeine nicht mürb? warum diese Haare nicht grau? Wehe über die Kräfte der Jugend! Willkommen, du markloses Alter! näher gelegen dem Himmel und meinem Karl!

Franz tritt auf.

DER ALTE MOOR: Tritt her, mein Sohn! Vergib mir, wenn ich vorhin zu hart gegen dich war! Ich vergebe dir alles. Ich möchte so gern im Frieden den Geist aufgeben.

FRANZ: Habt Ihr genug um Euren Sohn geweint? So viel ich sehe, habt Ihr nur einen.

DER ALTE MOOR: Jakob hatte der Söhne zwölf, aber um seinen Joseph hat er blutige Tränen geweint.

Jakob: Figur des Alten Testaments (Gen 25,23–27)

FRANZ: Hum!

DER ALTE MOOR: Geh, nimm die Bibel, meine Tochter, und lies mir die Geschichte Jakobs und Josephs! Sie hat mich immer so gerührt, und damals bin ich noch nicht Jakob gewesen.

AMALIA: Welches soll ich Euch lesen? *(Nimmt die Bibel und blättert.)*

DER ALTE MOOR: Lies mir den Jammer des Verlassenen, als er ihn nimmer unter seinen Kindern fand – und vergebens sein harrte im Kreis seiner elfe – und sein Klagelied, als er vernahm, sein Joseph sei ihm genommen auf ewig –

AMALIA *(liest)*: »Da nahmen sie Josephs Rock, und schlachteten einen Ziegenbock, und tauchten den Rock in das Blut, und schickten den bunten Rock hin, und ließen ihn ihrem Vater bringen, und sagen: Diesen haben wir funden, siehe, ob's deines Sohnes Rock sei, oder nicht?« *(Franz geht plötzlich hinweg.)* »Er kannte ihn aber und sprach: Es ist meines Sohnes Rock, ein böses Tier hat ihn gefressen, ein reißend Tier hat Joseph zerrissen! –«

DER ALTE MOOR *(fällt auf Kissen zurück)*: Ein reißend Tier hat Joseph zerrissen!

AMALIA *(liest weiter)*: »Und Jakob zerriss seine Kleider, und legte einen Sack um seine Lenden, und trug Leide um seinen Sohn lange Zeit, und alle seine Söhne und Töchter traten auf, dass sie ihn trösteten; aber er wollte sich nicht trösten lassen und sprach: Ich werde mit Leid hinunterfahren – «

DER ALTE MOOR: Hör auf, hör auf! Mir wird sehr übel.

AMALIA *(hinzuspringend, lässt das Buch fallen)*: Hilf Himmel! Was ist das?

DER ALTE MOOR: Das ist der Tod! – Schwarz – schwimmt – vor meinen – Augen – ich bitt dich – ruf dem Pastor – dass er mir – das Abendmahl reiche – Wo ist – mein Sohn Franz?

AMALIA: Er ist geflohen! Gott erbarme sich unser!

DER ALTE MOOR: Geflohen – geflohen von des Sterbenden Bett? – – Und das all – all – von zwei Kindern voll Hoffnung – du hast sie – gegeben – hast sie – genommen – – dein Name sei – –

AMALIA *(mit einem plötzlichen Schrei)*: Tot! Alles tot! *(Ab in Verzweiflung.)*

Franz hüpft frohlockend herein.

FRANZ: Tot, schreien sie, tot! Itzt bin ich Herr. Im ganzen Schlosse zetert es, tot! – Wie aber, schläft er vielleicht nur? – freilich, ach freilich! das ist nun freilich ein Schlaf, wo es ewig niemals »Guten Morgen« heißt – Schlaf und Tod sind nur Zwillinge. Wir wollen einmal die Namen wechseln! Wackerer, willkommener Schlaf! Wir wollen dich Tod heißen! *(Er drückt ihm die Augen zu.)* Wer wird nun kommen, und es wagen, mich vor Gericht zu fordern? oder mir ins Angesicht zu sagen: du bist ein Schurke! Weg dann mit dieser lästigen Larve von Sanftmut und Tugend! Nun sollt ihr den nackten Franz sehen, und euch entsetzen! Mein Vater überzuckerte seine Forderungen, schuf sein Gebiet zu einem Familienzirkel um, saß liebreich lächelnd am Tor, und grüßte sie Brüder und Kinder. – Meine Augbraunen sollen über euch herhangen wie Gewitterwolken, mein herrischer Name schweben wie ein drohender Komet über diesen Gebirgen, meine Stirne soll euer Wetterglas sein! Er streichelte und koste den Nacken, der gegen ihn störrig zurückschlug. Streicheln und Kosen ist meine Sache nicht. Ich will euch die zackigten Sporen ins

den nackten Franz: den wahren Franz

Wetterglas: Thermometer/ Barometer

Fleisch hauen, und die scharfe Geißel versuchen. – In meinem Gebiet soll's so weit kommen, dass Kartoffeln und Dünnbier ein Traktament für Festtage werden, und wehe dem, der mir mit vollen, feurigen Backen unter die Augen tritt! Blässe der Armut und sklavischen Furcht sind meine Leibfarbe: in diese Liverei will ich euch kleiden! *(Er geht ab.)*

Traktament: Verpflegung

Leibfarbe: Lieblingsfarbe

Liverei: Diener-Uniform

Dritte Szene

Die böhmischen Wälder.
Spiegelberg. Razmann. Räuberhaufen.

RAZMANN: Bist da? bist's wirklich? So lass dich doch zu Brei zusammendrücken, lieber Herzensbruder Moritz! Willkommen in den böhmischen Wäldern! Bist ja groß worden und stark. Stern-Kreuz-Bataillon! Bringst ja Rekruten mit einen ganzen Trieb, du trefflicher Werber!

Trieb: Herde

SPIEGELBERG: Gelt, Bruder? Gelt? Und das ganze Kerl dazu! – du glaubst nicht, Gottes sichtbarer Segen ist bei mir; war dir ein armer hungriger Tropf, hatte nichts als diesen Stab, da ich über den Jordan ging, und itzt sind unserer achtundsiebenzig, meistens ruinierte Krämer, rejizierte Magister und Schreiber aus den schwäbischen Provinzen. Das ist dir ein Korps Kerles, Bruder, deliziöse Bursche, sag' ich dir, wo als einer dem andern die Knöpfe von den Hosen stiehlt, und mit geladener Flinte neben ihm sicher ist – und haben voll auf, und stehen dir in eine Renommee vierzig Meilen weit, das nicht zu begreifen ist. Da ist dir keine Zeitung, wo du nicht ein Artikelchen von dem Schlaukopf Spiegelberg wirst getroffen haben, ich halte sie mir auch pur deswegen – vom Kopf bis zun Füßen haben sie mich dir hingestellt, du meinst, du sähst mich, – sogar meine Rockknöpfe haben sie nicht vergessen. Aber wir führen sie erbärmlich am Nar-

rejizierte: rausgeworfene

deliziös: herrlich, köstlich

Renommee: *iron.* Ansehen

renseil herum. Ich geh' letzthin in die Druckerei, geb' vor, ich hätte den berüchtigten Spiegelberg gesehen, und diktier' einem Skrizler, der dort saß, das leibhafte Bild von einem dortigen Wurmdoktor in die Feder, das Ding kommt um, der Kerl wird eingezogen, par force inquiriert, und in der Angst und in der Dummheit gesteht er dir, hol mich der Teufel! gesteht dir, er sei der Spiegelberg – Donner und Wetter! Ich war eben auf dem Sprung, mich beim Magistrat anzugeben, dass die Kanaille mir meinen Namen so verhunzen soll – wie ich sage, drei Monat drauf hangt er. Ich musste nachher eine derbe Prise Tobak in die Nase reiben, als ich am Galgen vorbeispazierte, und den Pseudo-Spiegelberg in seiner Glorie da paradieren sah – und unterdessen dass Spiegelberg hangt, schleicht sich Spiegelberg ganz sachte aus den Schlingen, und deutet der superklugen Gerechtigkeit hinterrücks Eselsohren, dass 's zum Erbarmen ist.

Skrizler: Schreiberling

par force inquiriert: unter Folter verhört

paradieren: herumstolzieren (wie auf einer Parade)

RAZMANN *(lacht)*: Du bist eben noch immer der Alte.

SPIEGELBERG: Das bin ich, wie du siehst, an Leib und Seel. Narr! einen Spaß muss ich dir doch erzählen, den ich neulich im Cäcilienkloster angerichtet habe. Ich treffe das Kloster auf meiner Wanderschaft so gegen die Dämmerung, und da ich eben den Tag noch keine Patrone verschossen hatte, du weißt, ich hasse das diem perdidi auf den Tod, so musste die Nacht noch durch einen Streich verherrlicht werden, und sollt's dem Teufel um ein Ohr gelten! Wir halten uns ruhig bis in die späte Nacht. Es wird mausstill. Die Lichter gehen aus. Wir denken, die Nonnen könnten itzt in den Federn sein. – Nun nehm' ich meinen Kameraden Grimm mit mir, heiß' die andern warten vorm Tor, bis sie mein Pfeifchen hören würden, – versichere mich des Klosterwächters, nehm' ihm die Schlüssel ab, schleich' mich hi-

diem perdidi: »Ich habe einen Tag verloren.« – wenn man nichts Gutes getan hat.

nein, wo die Mägde schliefen, praktizier' ihnen die Kleider weg, und heraus mit dem Pack zum Tor. Wir gehen weiter von Zelle zu Zelle, nehmen einer Schwester nach der andern die Kleider, endlich auch der Äbtissin. – Itzt pfeif' ich, und meine Kerls draußen fangen an zu stürmen und zu hasselieren, als käm' der Jüngste Tag, und hinein mit bestialischem Gepolter in die Zellen der Schwestern! – Hahaha! – da hättest du die Hatz sehen sollen, wie die armen Tierchen in der Finstere nach ihren Röcken tappten, und sich jämmerlich gebärdeten, wie sie zum Teufel waren, und wir indes wie alle Donnerwetter zugesetzt, und wie sie sich vor Schreck und Bestürzung in Bettlaken wickelten, oder unter dem Ofen zusammenkrochen wie Katzen, andere in der Angst ihres Herzens die Stube so besprenzten, dass du hättest das Schwimmen drin lernen können, und das erbärmliche Gezeter und Lamento, und endlich gar die alte Schnurre, die Äbtissin, angezogen wie Eva vor dem Fall – du weißt, Bruder, dass mir auf diesem weiten Erdenrund kein Geschöpf so zuwider ist, als eine Spinne und ein altes Weib, und nun denk' dir einmal die schwarzbraune, runzlichte, zottigte Vettel vor mir herumtanzen, und mich bei ihrer jungfräulichen Sittsamkeit beschwören – alle Teufel! ich hatte schon den Ellbogen angesetzt, ihr die übriggebliebenen wenigen Edlen vollends in den Mastdarm zu stoßen – kurz resolviert! entweder heraus mit dem Silbergeschirr, mit dem Klosterschatz und allen den blanken Tälerchen, oder – meine Kerls verstanden mich schon – ich sage dir, ich hab' aus dem Kloster mehr denn tausend Taler Werts geschleift, und den Spaß obendrein, und meine Kerls haben ihnen ein Andenken hinterlassen, sie werden ihre neun Monate dran zu schleppen haben.

praktizieren: *hier* stehlen

hasselieren: lärmen

besprenzen: mit Harn beschmutzen

Lamento: Gejammer

vor dem Fall: nackt, wie vor dem Sündenfall

die wenigen Edlen: die wenigen Zähne

resolviert: entschlossen

RAZMANN *(auf den Boden stampfend)*: Dass mich der Donner da weg hatte!

SPIEGELBERG: Siehst du? Sag du mehr, ob das kein Luderleben ist? und dabei bleibt man frisch und stark, und das Korpus ist noch beisammen und schwillt dir stündlich wie ein Prälatsbauch – ich weiß nicht, ich muss was Magnetisches an mir haben, das dir alles Lumpengesindel auf Gottes Erdboden anzieht wie Stahl und Eisen.

Korpus: Körper

RAZMANN: Schöner Magnet du! Aber so möcht' ich Henkers doch wissen, was für Hexereien du brauchst –

SPIEGELBERG: Hexereien? Braucht keiner Hexereien – Kopf musst du haben! Ein gewisses praktisches Judizium, das man freilich nicht in der Gerste frisst – denn siehst du, ich pfleg' immer zu sagen: einen honetten Mann kann man aus jedem Weidenstotzen formen, aber zu einem Spitzbuben will's Grütz – auch gehört dazu ein eigenes Nationalgenie, ein gewisses, dass ich so sage, Spitzbubenklima, und da rat' ich dir, reis' du ins Graubünder Land, das ist das Athen der heutigen Gauner.

Judizium: Urteilsvermögen

Weidenstotzen: Weidenstumpf

Grütz: Grips, Verstand

RAZMANN: Bruder! man hat mir überhaupt das ganze Italien gerühmt.

SPIEGELBERG: Ja ja! man muss niemand sein Recht vorenthalten, Italien weist auch seine Männer auf, und wenn Deutschland so fortmacht, wie es bereits auf dem Weg ist, und die Bibel vollends hinausvotiert, wie es die glänzendsten Aspekten hat, so kann mit der Zeit auch noch aus Deutschland was Gutes kommen – überhaupt aber, muss ich dir sagen, macht das Klima nicht sonderlich viel, das Genie kommt überall fort, und das Übrige, Bruder – ein Holzapfel, weißt du wohl, wird im Paradiesgärtlein selber ewig keine Ananas – aber dass ich dir weiter sage, – wo bin ich stehen geblieben?

hinausvotieren: verbieten

Aspekten: *hier* Aussichten

RAZMANN: Bei den Kunstgriffen.

SPIEGELBERG: Ja recht, bei den Kunstgriffen. So ist dein Erstes, wenn du in die Stadt kommst, du ziehst bei den Bettelvögten, Stadtpatrollanten und Zuchtknechten Kundschaft ein, wer so am fleißigsten bei ihnen einspreche, die Ehre gebe, und diese Kunden suchst du auf – ferner nistest du dich in die Kaffeehäuser, Bordelle, Wirtshäuser ein, spähst, sondierst, wer am meisten über die wohlfeile Zeit, die fünf Prozent, über die einreißende Pest der Polizeiverbesserungen schreit, wer am meisten über die Regierung schimpft, oder wider die Physiognomik eifert und dergleichen. Bruder! das ist die rechte Höhe! die Ehrlichkeit wackelt wie ein hohler Zahn, du darfst nur den Pelikan ansetzen – oder besser und kürzer: du gehst und wirfst einen vollen Beutel auf die offene Straße, versteckst dich irgendwo, und merkst dir wohl, wer ihn aufhebt – eine Weile drauf jagst du hinterher, suchst, schreist, und fragst nur so im Vorbeigehen: haben der Herr nicht etwa einen Geldbeutel gefunden? Sagt er ja? – nun so hat's der Teufel gesehen; leugnet er's aber: der Herr verzeihen – ich wüsste mich nicht zu entsinnen, – ich bedaure, *(aufspringend)* Bruder! Triumph Bruder! Lösch deine Laterne aus, schlauer Diogenes! – du hast deinen Mann gefunden.

RAZMANN: Du bist ein ausgelernter Praktikus.

SPIEGELBERG: Mein Gott! als ob ich noch jemals dran gezweifelt hätte – Nun du deinen Mann in dem Hamen hast, musst du's auch fein schlau angreifen, dass du ihn hebst! – Siehst du, mein Sohn? das hab' ich so gemacht: – Sobald ich einmal die Fährte hatte, hängt ich mich meinem Kandidaten an wie eine Klette, saufte Brüderschaft mit ihm, und notabene! zechfrei musst du ihn halten! da geht freilich ein Schönes drauf, aber das achtest du nicht – – du gehst weiter, du führst ihn in Spielkompanien und bei liederlichen Menschern ein, verwi-

sondierst […] Prozent: kundschaftest aus, wer sich langweilt und Schulden hat

Physiognomik: Irrlehre, aus den Gesichtszügen auf die charakterlichen Eigenschaften eines Menschen schließen zu können

Pelikan: Zange zum Zähneziehen

Diogenes: griech. Philosoph, er zündete tagsüber Laternen an, um besser zu sehen.

Hamen: Netz

notabene!: aufgepasst! wohlbemerkt!

ckelst ihn in Schlägereien, und schelmische Streiche, bis er an Saft und Kraft und Geld und Gewissen und gutem Namen bankrutt wird; denn incidenter muss ich dir sagen, du richtest nichts aus, wenn du nicht Leib und Seele verderbst – Glaube mir, Bruder! das hab ich aus meiner starken Praxi wohl fünfzigmal abstrahiert, wenn der ehrliche Mann einmal aus dem Nest gejagt ist, so ist der Teufel Meister – Der Schritt ist dann so leicht – o so leicht, als der Sprung von einer Hure zu einer Betschwester. – Horch doch! was für ein Knall war das?

incidenter: zwischendurch

aus [...] abstrahiert: aus meiner Erfahrung gefolgert

RAZMANN: Es war gedonnert, nur fortgemacht!

SPIEGELBERG: Noch ein kürzerer, besserer Weg ist der, du plünderst deinem Mann Haus und Hof ab, bis ihm kein Hemd mehr am Leibe hebt, alsdann kommt er dir von selber – lern mich die Pfiffe nicht, Bruder – frag' einmal das Kupfergesicht dort – Schwere Not! den hab' ich schön ins Garn gekriegt – ich hielt ihm vierzig Dukaten hin, die sollt' er haben, wenn er mir seines Herrn Schlüssel in Wachs drücken wollte – denk' einmal! die dumme Bestie tut's, bringt mir, hol mich der Teufel, die Schlüssel, und will itzt das Geld haben – Monsieur, sagt' ich, weiß Er auch, dass ich itzt diese Schlüssel gerades Wegs zum Polizeilieutnant trage, und Ihm ein Logis am lichten Galgen miete? – Tausend Sackerment! da hättest du den Kerl sehen sollen die Augen aufreißen und anfangen zu zappeln wie ein nasser Pudel. – – »Um 's Himmels willen, hab der Herr doch Einsicht! ich will – will –« Was will Er? Will Er itzt gleich den Zopf hinaufschlagen und mit mir zum Teufel gehn? – »O von Herzen gern, mit Freuden!«– Hahaha! guter Schlucker, mit Speck fangt man Mäuse – Lach ihn doch aus, Razmann! hahaha!

Logis: Platz

den Zopf hinaufschlagen: sich marschbereit, sich fertig zum Aufbruch machen

RAZMANN: Ja, ja, ich muss gestehen. Ich will mir diese Lektion mit goldenen Ziffern auf meine Hirntafel schreiben. Der Satan mag seine Leute kennen, dass er dich zu seinem Mäkler gemacht hat.

Mäkler: Makler

SPIEGELBERG: Gelt, Bruder? Und ich denke, wenn ich ihm zehen stelle, lässt er mich frei ausgehen – gibt ja jeder Verleger seinem Sammler das zehente Exemplar gratis, warum soll der Teufel so jüdisch zu Werk gehn? Razmann! ich rieche Pulver –

RAZMANN: Sapperment! ich riech's auch schon lang. – Gib Acht, es wird in der Näh was gesetzt haben! – Ja ja! wie ich dir sage, Moritz – du wirst dem Hauptmann mit deinen Rekruten willkommen sein – er hat auch schon brave Kerl angelockt.

SPIEGELBERG: Aber die meinen! die meinen! – pah! –

RAZMANN: Nun ja! sie mögen hübsche Fingerchen haben – aber ich sage dir, der Ruf unsers Hauptmanns hat auch schon ehrliche Kerl in Versuchung geführt.

SPIEGELBERG: Ich will nicht hoffen.

RAZMANN: Sans Spaß! und sie schämen sich nicht, unter ihm zu dienen. Er mordet nicht um des Raubes willen wie wir – nach dem Geld schien er nicht mehr zu fragen, sobald er's vollauf haben konnte, und selbst sein Drittteil an der Beute, das ihn von Rechts wegen trifft, verschenkt er an Waisenkinder, oder lässt damit arme Jungen von Hoffnung studieren. Aber soll er dir einen Landjunker schröpfen, der seine Bauren wie das Vieh abschindet, oder einen Schurken mit goldnen Borten unter den Hammer kriegen, der die Gesetze falschmünzt, und das Auge der Gerechtigkeit übersilbert, oder sonst ein Herrchen von dem Gelichter – Kerl! da ist er dir in seinem Element und haust teufelmäßig, als wenn jede Faser an ihm eine Furie wäre.

sans Spaß: ohne Spaß

abschinden: das Fell abziehen

SPIEGELBERG: Hum! Hum!

RAZMANN: Neulich erfuhren wir im Wirtshaus, dass ein reicher Graf von Regensburg durchkommen würde, der einen Prozess von einer Million durch die Pfiffe seines Advokaten durchgesetzt hätte, er saß eben am Tisch und brettelte – Wie viel sind unserer? frug er mich, indem er hastig aufstand, ich sah ihn die Unterlippe zwischen die Zähne klemmen, welches er nur tut, wenn er am grimmigsten ist – nicht mehr als fünf! sagt' ich – es ist genug! sagt' er, warf der Wirtin das Geld auf den Tisch, ließ den Wein, den er sich hatte reichen lassen, unberührt stehen – wir machten uns auf den Weg. Die ganze Zeit über sprach er kein Wort, lief abseitwärts und allein, nur dass er uns von Zeit zu Zeit fragte, ob wir noch nichts gewahr worden wären, und uns befahl, das Ohr an die Erde zu legen. Endlich so kommt der Graf hergefahren, der Wagen schwer bepackt, der Advokat saß bei ihm drin, voraus ein Reuter, nebenher ritten zwei Knechte – da hättest du den Mann sehen sollen, wie er, zwei Terzerolen in der Hand, vor uns her auf den Wagen zusprang! Und die Stimme, mit der er rief: Halt! – der Kutscher, der nicht Halt machen wollte, musste vom Bock herabtanzen, der Graf schoss aus dem Wagen in den Wind, die Reiter flohen – dein Geld, Kanaille! rief er donnernd – er lag wie ein Stier unter dem Beil – und bist du der Schelm, der die Gerechtigkeit zur feilen Hure macht? der Advokat zitterte, dass ihm die Zähne klapperten, – der Dolch stak in seinem Bauch wie ein Pfahl im Weinberg – ich habe das Meine getan! rief er und wandte sich stolz von uns weg, das Plündern ist eure Sache – Und somit verschwand er im Wald –

brettelte: spielte ein Brettspiel

Terzerol: kleine Vorderladerpistole

SPIEGELBERG: Hum! hum! Bruder, was ich dir vorhin erzählt habe, bleibt unter uns, er braucht's nicht zu wissen. Verstehst du?

RAZMANN: Recht, recht! ich versteh.

SPIEGELBERG: Du kennst ihn ja! Er hat so seine Grillen. Du verstehst mich.

RAZMANN: Ich versteh', ich versteh'.

Schwarz in vollem Lauf.

RAZMANN: Wer da? was gibt's da? Passagiers im Wald?

SCHWARZ: Hurtig, hurtig! wo sind die andern? – tausendsackerment! ihr steht da und plaudert! Wisst ihr denn nicht – wisst ihr denn gar nicht? – und Roller –

RAZMANN: Was denn? was denn?

SCHWARZ: Roller ist gehangen, noch vier andere mit –

RAZMANN: Roller? Schwerenot! seit wenn – woher weißt du's?

SCHWARZ: Schon über drei Wochen sitzt er, und wir erfahren nichts, schon drei Rechtstäge sind über ihn gehalten worden, und wir hören nichts; man hat ihn auf der Tortur examiniert, wo der Hauptmann sei? – der wackere Bursche hat nichts bekannt, gestern ist ihm der Prozess gemacht worden, diesen Morgen ist der dem Teufel extra Post zugefahren.

RAZMANN: Vermaledeit! weiß es der Hauptmann?

SCHWARZ: Erst gestern erfährt er's. Er schäumt wie ein Eber. Du weißt's, er hat immer am meisten gehalten auf Roller, und nun die T o r t u r e r s t – Strick und Leiter sind schon an den Turm gebracht worden, es half nichts; er selbst hat sich schon in Kapuzinerskutte zu ihm geschlichen, und die Person mit ihm wechseln wollen, Roller schlug's hartnäckig ab, itzt hat er einen Eid geschworen, dass es uns eiskalt über die Leber lief, er wolle ihm eine Todesfackel anzünden, wie sie noch keinem König geleuchtet hat, die ihnen den Buckel braun und blau brennen soll. Mir ist bang für die Stadt. Er hat schon lang eine Pique auf sie, weil sie so schändlich bigott ist, und du weißt, wenn er sagt: ich will's tun! so ist's so viel, als wenn's unsereiner getan hat.

RAZMANN: Das ist wahr! ich kenne den Hauptmann. Wenn er dem Teufel sein Wort drauf gegeben hätte, in die Höl-

Passagiers: Reisende

Rechtstäge: Gerichtstage

auf der Tortur examiniert: unter Folter verhört

Pique: Groll

bigott: Frömmigkeit vortäuschend

le zu fahren, er würde nie beten, wenn er mit einem halben Vater Unser selig werden könnte! – Aber ach! der arme Roller! der arme Roller! –

SPIEGELBERG: Memento mori! Aber das regt mich nicht an. *(Trillert ein Liedchen.)*

Geh' ich vorbei am Rabensteine,
So blinz' ich nur das rechte Auge zu
Und denk', du hängst mir wohl alleine,
Wer ist ein Narr, ich oder du?

Memento mori!: Gedenke des Todes!

Rabenstein: Hinrichtungsplatz

RAZMANN *(aufspringend)*: Horch! ein Schuss. *(Schießen und Lärmen.)*

SPIEGELBERG: Noch einer!

RAZMANN: Wieder einer! der Hauptmann!

(Hinter der Szene gesungen.)

Die Nürnberger henken keinen,
Sie hätten ihn denn vor. *(Dacapo.)*

Sie hätten ihn denn vor: sie hätten ihn denn zuvor!

SCHWEIZER. ROLLER *(hinter der Szene)*: Holla ho! Holla ho!

RAZMANN: Roller! Roller! Holen mich zehn Teufel!

SCHWEIZER. ROLLER *(hinter der Szene)*: Razmann! Schwarz! Spiegelberg! Razmann!

RAZMANN: Roller! Schweizer! Blitz, Donner, Hagel und Wetter! *(Fliegen ihm entgegen.)*

Räuber Moor zu Pferd, Schweizer, Roller, Grimm, Schufterle, Räubertrupp mit Kot und Staub bedeckt, treten auf.

RÄUBER MOOR *(vom Pferd springend)*: Freiheit! Freiheit! – – Du bist im Trocknen, Roller! – Führ' meinen Rappen ab, Schweizer, und wasch' ihn mit Wein. *(Wirft sich auf die Erde.)* Das hat gegolten!

RAZMANN *(zu Roller)*: Nun bei der Feueresse des Pluto! bist du vom Rad auferstanden?

Feueresse des Pluto: die Hölle

SCHWARZ: Bist du sein Geist? oder bin ich ein Narr? oder bist du's wirklich?

ROLLER *(in Atem)*: Ich bin's. Leibhaftig. Ganz. Wo glaubst du, dass ich herkomme?

SCHWARZ: Da frag die Hexe! der Stab war schon über dich gebrochen.

ROLLER: Das war er freilich, und noch mehr. Ich komme recta vom Galgen her. Lass mich nur erst zu Atem kommen. Der Schweizer wird dir erzählen. Gebt mir ein Glas Branntenwein! – du auch wieder da, Moritz? Ich dachte, dich wo anders wieder zu sehen – gebt mir doch ein Glas Branntenwein! meine Knochen fallen auseinander – o mein Hauptmann! wo ist mein Hauptmann?

recta: direkt

SCHWARZ: Gleich, gleich! – so sag doch, so schwätz doch! wie bist du davonkommen? wie haben wir dich wieder? der Kopf geht mir um. Vom Galgen her, sagst du?

ROLLER *(stürzt eine Flasche Branntenwein hinunter)*: Ah, das schmeckt, das brennt ein! – geradeswegs vom Galgen her, sag' ich. Ihr steht da und gafft und könnt's nicht träumen – ich war auch nur drei Schritte von der Sakermentsleiter, auf der ich in den Schoß Abrahams steigen sollte – so nah, so nah – war dir schon mit Haut und Haar auf die Anatomie verhandelt! hättest mein Leben um 'n Prise Schnupftabak haben können. Dem Hauptmann dank' ich Luft, Freiheit und Leben.

Sakermentsleiter: Leiter am Galgen

Schoß Abrahams: Anspielung auf die Bibel (Lk 16,19–31)

SCHWEIZER: Es war ein Spaß, der sich hören lässt. Wir hatten den Tag vorher durch unsre Spionen Wind gekriegt, der Roller liege tüchtig im Salz, und wenn der Himmel nicht bei Zeit noch einfallen wollte, so werde er morgen am Tag – das war heut – den Weg alles Fleisches gehen müssen – Auf! sagt der Hauptmann, was wiegt ein Freund nicht. – Wir retten ihn, oder retten ihn nicht, so wollen wir ihm wenigstens doch eine Todesfackel anzünden, wie sie noch keinem König geleuchtet hat, die ihnen den Buckel braun und blau brennen soll.

Salz: *hier* Gefängnis

Die ganze Bande wird aufgeboten. Wir schicken einen Expressen an ihn, der's ihm in einem Zettelchen beibrachte, das er ihm in die Suppe warf.

Expressen: Eilboten

ROLLER: Ich verzweifelte an dem Erfolg.

SCHWEIZER: Wir passten die Zeit ab, bis die Passagen leer waren. Die ganze Stadt zog dem Spektakel nach, Reuter und Fußgänger durcheinander und Wagen, der Lärm und der Galgenpsalm johlten weit. Itzt, sagt der Hauptmann, brennt an, brennt an! Die Kerl flogen wie Pfeile, steckten die Stadt an dreiunddreißig Ecken zumal in Brand, werfen feurige Lunten in die Nähe des Pulverturms, in Kirchen und Scheunen – Mordbleu es war keine Viertelstunde vergangen, der Nordostwind, der auch seinen Zahn auf die Stadt haben muss, kam uns trefflich zustatten, und half die Flamme bis hinauf in die obersten Giebel jagen. Wir indes Gasse auf Gasse nieder, wie Furien – Feuerjo! Feurjo! durch die ganze Stadt – Geheul, – Geschrei – Gepolter – fangen an die Brandglocken zu brummen, knallt der Pulverturm in die Luft, als wär' die Erde mitten entzwei geborsten, und der Himmel zerplatzt und die Hölle zehntausend Klafter tief versunken.

Mordbleu!: *eigtl.* A la Mort de Dieu, Beim Tod Gottes!

Klafter: altes Längen- und Raummaß

ROLLER: Und itzt sah mein Gefolge zurück – da lag die Stadt wie Gomorrha und Sodom, der ganze Horizont war Feuer, Schwefel und Rauch, vierzig Gebirge brüllten den infernalischen Schwank in die Rund herum nach, ein panischer Schreck schmeißt alle zu Boden – itzt nutz' ich den Zeitpunkt, und risch, wie der Wind! – ich war losgebunden, so nah war's dabei – da meine Begleiter versteinert wie Lots Weib zurückschaun, Reißaus! zerrissen die Haufen! davon! Sechzig Schritte weg werf' ich die Kleider ab, stürze mich in den Fluss, schwimm' unterm Wasser fort, bis ich glaubte, ihnen aus dem Gesichte zu sein. Mein Hauptmann schon parat mit Pfer-

Gomorrha und Sodom: zwei biblische Städte, die von Gott zerstört wurden, weil die Bürger sündig gelebt hatten.

infernalischer Schwank: höllischer Schlag

den und Kleidern – so bin ich entkommen. Moor! Moor! möchtest du bald auch in den Pfeffer geraten, dass ich dir Gleiches mit Gleichem vergelten kann!

Pfeffer: *hier* Gefahr

RAZMANN: Ein bestialischer Wunsch, für den man dich hängen sollte – aber es war ein Streich zum Zerplatzen.

ROLLER: Es war Hülfe in der Not, ihr könnt's nicht schätzen. Ihr hättet sollen – den Strick um den Hals – mit lebendigem Leib zu Grabe marschieren wie ich, und die sakermentalischen Anstalten und Schinderszeremonien, und mit jedem Schritt, den der scheue Fuß vorwärts wankte, näher und fürchterlich näher die verfluchte Maschine, wo ich einlogiert werden sollte, im Glanz der schröcklichen Morgensonne steigend, und die laurenden Schindersknechte und die grässliche Musik – noch raunt sie in meinen Ohren – und das Gekrächze hungriger Raben, die an meinem halbfaulen Antezessor zu dreißigen hingen, und das alles, alles – und obendrein noch der Vorschmack der Seligkeit, die mir blühete! – Bruder, Bruder! und auf einmal die Losung zur Freiheit – Es war ein Knall, als ob dem Himmelsfass ein Reif gesprungen wäre – hört, Kanaillen! ich sag' euch, wenn man aus dem glühenden Ofen ins Eiswasser springt, kann man den Abfall nicht so stark fühlen als ich, da ich am andern Ufer war.

sakermentalisch: verflucht

laurenden: lauernden, wartenden

Antezessor: Vorgänger

Abfall: Temperaturabfall

SPIEGELBERG *(lacht)*: Armer Schlucker! Nun ist's ja verschwitzt. *(Trinkt ihm zu.)* Zur glücklichen Wiedergeburt!

verschwitzt: ausgestanden

ROLLER *(wirft sein Glas weg)*: Nein, bei allen Schätzen des Mammons! ich möchte das nicht zum zweiten Mal erleben. Sterben ist etwas mehr als Harlekinssprung, und Todesangst ist ärger als Sterben.

Mammon: Reichtum (abschätzig)

Harlekinssprung: albernes Herumtanzen

SPIEGELBERG: Und der hüpfende Pulverturm – merkst du's itzt, Razmann? – drum stank auch die Luft so nach Schwefel, stundenweit, als würde die ganze Garderobe des Molochs unter dem Firmament ausgelüftet – es war ein Meisterstreich, Hauptmann! ich beneide dich drum.

SCHWEIZER: Macht sich die Stadt eine Freude daraus, meinen Kameraden wie ein verhetztes Schwein abtun zu sehen, was, zum Henker! sollen wir uns ein Gewissen daraus machen, unserem Kameraden zulieb die Stadt draufgehen zu lassen? Und nebenher hatten unsere Kerls noch das gefundene Fressen, über den alten Kaiser zu plündern. – Sagt einmal! was habt ihr weggekapert?

EINER VON DER BANDE: Ich hab mich während des Durcheinanders in die Stephanskirche geschlichen und die Borten vom Altartuch abgetrennt, der liebe Gott da, sagt' ich, ist ein reicher Mann und kann ja Goldfäden aus einem Batzenstrick machen.

SCHWEIZER: Du hast wohl getan – was soll auch der Plunder in einer Kirche? Sie tragen's dem Schöpfer zu, der über den Trödelkram lachet, und seine Geschöpfe dörfen verhungern. – Und du, Spangeler – wo hast du dein Netz ausgeworfen?

EIN ZWEITER: Ich und Bügel haben einen Kaufladen geplündert und bringen Zeug für unser funfzig mit.

EIN DRITTER: Zwei goldene Sackuhren habe ich weggebixt, und ein Dutzend silberne Löffel darzu.

Sackuhr: Taschenuhr

SCHWEIZER: Gut, gut. Und wir haben ihnen eins angerichtet, dran sie vierzehn Tage werden zu löschen haben. Wenn sie dem Feuer wehren wollen, so müssen sie die Stadt durch Wasser ruinieren – Weißt du nicht, Schufterle, wie viel es Tote gesetzt hat?

SCHUFTERLE: Dreiundachtzig sagt man. Der Turm allein hat ihrer sechzig zu Staub zerschmettert.

RÄUBER MOOR *(sehr ernst)*: Roller, du bist teuer bezahlt.

SCHUFTERLE: Pah, pah! was heißt aber das? – ja, wenn's Männer gewesen wären – aber da waren's Wickelkinder, die ihre Laken vergolden, eingeschnurrte Mütterchen, die ihnen die Mücken wehrten, ausgedörrte Ofenhocker, die keine Türe mehr finden konnten – Patienten, die nach dem Doktor winselten, der in seinem gravitätischen Trab der Hatz nachgezogen war – Was leichte Beine hatte, war ausgeflogen, der Komödie nach, und nur der Bodensatz der Stadt blieb zurück, die Häuser zu hüten.

MOOR: O der armen Gewürme! Kranke, sagst du, Greise und Kinder? –

SCHUFTERLE: Ja zum Teufel! und Kindbetterinnen darzu, und hochschwangere Weiber, die befürchteten, unterm lichten Galgen zu abortieren, junge Frauen, die besorgten, sich an den Schindersstückchen zu versehen und ihrem Kind im Mutterleib den Galgen auf den Buckel zu brennen – Arme Poeten, die keinen Schuh anzuziehen hatten, weil sie ihr einziges Paar in die Mache gegeben, und was das Hundsgesindel mehr ist, es lohnt sich der Mühe nicht, dass man davon redt. Wie ich von ungefähr so an einer Baracke vorbei gehe, hör' ich drinnen ein Gezeter, ich guck' hinein, und wie ich's beim Lichte besehe, was war's? Ein Kind war's, noch frisch und gesund, das lag auf dem Boden unterm Tisch, und der Tisch wollte eben angehen, – Armes Tierchen, sagt ich, du verfrierst ja hier, und warf's in die Flamme –

MOOR: Wirklich, Schufterle? – Und diese Flamme brenne in deinem Busen, bis die Ewigkeit grau wird! – Fort Ungeheuer! Lass dich nimmer unter meiner Bande sehen! Murrt ihr! – Überlegt ihr? – Wer überlegt, wann ich befehle? – Fort mit ihm, sag ich, – es sind noch mehr unter euch, die meinem Grimm reif sind. Ich kenne dich, Spiegelberg. Aber ich will nächstens unter euch treten, und fürchterlich Musterung halten. *(Sie gehen zitternd ab. Moor allein, heftig auf und ab gehend.)* Höre sie nicht,

gravitätisch: schwerfällig

Kindbetterinnen: Frauen, die gerade entbunden haben

abortieren: eine Fehlgeburt haben

An […] brennen: ein Aberglaube sagte, ein Kind würde zum Verbrecher, wenn die schwangere Mutter eine Hinrichtung beobachtet hat.

Rächer im Himmel! – Was kann ich dafür? Was kannst du dafür, wenn deine Pestilenz, deine Teurung, deine Wasserfluten, den Gerechten mit dem Bösewicht auffressen? Wer kann der Flamme befehlen, dass sie nicht auch durch die gesegneten Saaten wüte, wenn sie das Genist der Hornissel zerstören soll? – O pfui über den Kindermord! den Weibermord! – den Krankenmord! Wie beugt mich diese Tat! Sie hat meine schönsten Werke vergiftet – da steht der Knabe, schamrot und ausgehöhnt vor dem Auge des Himmels, der sich anmaßte, mit Jupiters Keule zu spielen, und Pygmäen niederwarf, da er Titanen zerschmettern sollte – geh! geh! du bist der Mann nicht, das Rachschwert der ober'n Tribunale zu regieren, du erlagst bei dem ersten Griff – hier entsag' ich dem frechen Plan, gehe, mich in irgendeine Kluft der Erde zu verkriechen, wo der Tag vor meiner Schande zurücktritt. *(Er will fliehen.)*

RÄUBER *(eilig)*: Sieh dich vor, Hauptmann! Es spukt! Ganze Haufen böhmischer Reuter schwadronieren im Holz herum – der höllische Blaustrumpf muss ihnen verträtscht haben –

NEUE RÄUBER: Hauptmann! Hauptmann! Sie haben uns die Spur abgelauert – rings ziehen ihre etliche tausend einen Kordon um den mittlern Wald.

NEUE RÄUBER: Weh, weh, weh! Wir sind gefangen, gerädert, wir sind gevierteilt! Viele tausend Husaren, Dragoner und Jäger sprengen um die Anhöhe, und halten die Luftlöcher besetzt. *(Moor geht ab.)*

Schweizer, Grimm, Roller, Schwarz, Schufterle, Spiegelberg, Razmann, Räubertrupp.

SCHWEIZER: Haben wir sie aus den Federn geschüttelt? Freu dich doch, Roller! Das hab' ich mir lange gewünscht, mich mit so Kommissbrotrittern herumzu-

Hornissel: Hornisse

Jupiters Keule: Kraft Gottes

Pygmäen: Zwerge

Titanen: Riesen

schwadronieren im Holz herum: streifen durch den Wald

Blaustrumpf: *hier* der Teufel

Kordon: Postenkette, Sperrring

Kommissbrotritter: Soldaten

hauen – wo ist der Hauptmann? Ist die ganze Bande beisammen? Wir haben doch Pulver genug?

RAZMANN: Pulver die schwere Meng. Aber unser sind achtzig in allem, und so immer kaum einer gegen ihrer zwanzig.

SCHWEIZER: Desto besser! und lass es fünfzig gegen meinen großen Nagel sein – Haben sie so lang gewartet, bis wir ihnen die Streu unterm Arsch angezündet haben – Brüder, Brüder! so hat's keine Not. Sie setzen ihr Leben an zehen Kreuzer, fechten wir nicht für Hals und Freiheit? – Wir wollen über sie her wie die Sündflut und auf ihre Köpfe herabfeuren wie Wetterleuchten – Wo zum Teufel! ist dann der Hauptmann?

Kreuzer: billige Kupfermünze

SPIEGELBERG: Er verlässt uns in dieser Not. Können wir denn nicht mehr entwischen?

SCHWEIZER: Entwischen?

SPIEGELBERG: Oh! warum bin ich nicht geblieben in Jerusalem.

SCHWEIZER: So wollt' ich doch, dass du im Kloak ersticktest, Dreckseele du! Bei nackten Nonnen hast du ein großes Maul, aber wenn du zwei Fäuste siehst, – Memme, zeige dich itzt, oder man soll dich in eine Sauhaut nähen und durch Hunde verhetzen lassen.

Kloak: Dreck, Kot

RAZMANN: Der Hauptmann, der Hauptmann!

Moor, langsam, vor sich.

MOOR: Ich habe sie vollends ganz einschließen lassen, itzt müssen sie fechten wie Verzweifelte. *(Laut.)* Kinder! nun gilt's! Wir sind verloren, oder wir müssen fechten wie angeschossene Eber.

SCHWEIZER: Ha! ich will ihnen mit meinen Fangern den Bauch schlitzen, dass ihnen die Kutteln schuhlang herausplatzen! – Führ uns an, Hauptmann! Wir folgen dir in den Rachen des Todes.

Fangern: Jagdmesser

Kutteln: Eingeweide

MOOR: Ladet alle Gewehre! Es fehlt doch an Pulver nicht?

SCHWEIZER *(springt auf)*: Pulver genug, die Erde gegen den Mond zu sprengen!

RAZMANN: Jeder hat fünf Paar Pistolen geladen, jeder noch drei Kugelbüchsen darzu.

MOOR: Gut, gut! Und nun muss ein Teil auf die Bäume klettern, oder sich ins Dickicht verstecken, und Feuer auf sie geben im Hinterhalt –

SCHWEIZER: Da gehörst du hin, Spiegelberg!

MOOR: Wir andern, wie Furien, fallen ihnen in die Flanken!

Furien: *hier* wild, ungestüm

SCHWEIZER: Darunter bin ich, ich!

MOOR: Zugleich muss jeder sein Pfeifchen hören lassen, im Wald herumjagen, dass unsere Anzahl schröcklicher werde: auch müssen alle Hunde los, und in ihre Glieder gehetzt werden, dass sie sich trennen, zerstreuen und euch in den Schuss rennen. Wir drei, Roller, Schweizer und ich, fechten im Gedränge.

SCHWEIZER: Meisterlich, vortrefflich! – Wir wollen sie zusammenwettern, dass sie nicht wissen, wo sie die Ohrfeigen herkriegen. Ich habe wohl ehe eine Kirsche vom Maul weggeschossen, lass sie nur anlaufen. *(Schufterle zupft Schweizern, dieser nimmt den Hauptmann beiseit und spricht leise mit ihm.)*

zusammenwettern: zusammenschlagen

ehe: eher

MOOR: Schweig!

SCHWEIZER: Ich bitte dich –

MOOR: Weg! Er dank' es seiner Schande, sie hat ihn gerettet. Er soll nicht sterben, wenn ich und mein Schweizer sterben, und mein Roller. Lass ihn die Kleider ausziehen, so will ich sagen, er sei ein Reisender, und ich habe ihn bestohlen – Sei ruhig, Schweizer, ich schwöre darauf, er wird doch noch gehangen werden.

Pater tritt auf.

PATER *(vor sich, stutzt)*: Ist das das Drachennest? – Mit eurer Erlaubnis, meine Herren! Ich bin ein Diener der Kirche, und draußen stehen siebenzehnhundert, die jedes Haar auf meinen Schläfen bewachen.

SCHWEIZER: Bravo! bravo! Das war wohl gesprochen, sich den Magen warm zu halten.

MOOR: Schweig, Kamerad! – Sagen Sie kurz, Herr Pater! was haben Sie hier zu tun?

PATER: Mich sendet die hohe Obrigkeit, die über Leben und Tod spricht – ihr Diebe – ihr Mordbrenner – ihr Schelmen – giftige Otterbrut, die im Finstern schleicht, und im Verborgenen sticht – Aussatz der Menschheit – Höllenbrut – köstliches Mahl für Raben und Ungeziefer – Kolonie für Galgen und Rad –

SCHWEIZER: Hund! hör auf zu schimpfen, oder – *(Er drückt ihm den Kolben vors Gesicht.)*

MOOR: Pfui doch, Schweizer! du verdirbst ihm ja das Konzept – er hat seine Predigt so brav auswendig gelernt – nur weiter, mein Herr! – »für Galgen und Rad?«

PATER: Und du, feiner Hauptmann! Herzog der Beutelschneider! Gaunerkönig! Großmogol aller Schelmen unter der Sonne! – Ganz ähnlich jenem ersten abscheulichen Rädelsführer, der tausend Legionen schuldloser Engel in rebellisches Feuer fachte, und mit sich hinab in den tiefen Pfuhl der Verdammung zog – das Zetergeschrei verlassener Mütter heult deinen Fersen nach, Blut saufst du wie Wasser, Menschen wägen auf deinem mörderischen Dolch keine Luftblase auf. –

Großmogol: asiat. Herrschertitel

fachte: blies

wägen […] auf: gelten dir nichts

MOOR: Sehr wahr, sehr wahr! Nur weiter!

PATER: Was? Sehr wahr, sehr wahr? ist das auch eine Antwort?

MOOR: Wie, mein Herr? drauf haben Sie sich wohl nicht gefasst gemacht? Weiter, nur weiter! Was wollten Sie weiter sagen?

PATER *(im Eifer)*: Entsetzlicher Mensch! hebe dich weg von mir! Picht nicht das Blut des ermordeten Reichsgrafen

picht: klebt

an deinen verfluchten Fingern? Hast du nicht das Heiligtum des Herrn mit diebischen Händen durchbrochen, und mit einem Schelmengriff die geweihten Gefäße des Nachtmahls entwandt? Wie? hast du nicht Feuerbrände in unsere gottesfürchtige Stadt geworfen? und den Pulverturm über die Häupter guter Christen herabgestürzt? *(Mit zusammengeschlagenen Händen.)* Gräuliche, gräuliche Frevel, die bis zum Himmel hinaufstinken, das Jüngste Gericht waffnen, dass es reißend daherbricht! Reif zur Vergeltung, zeitig zur letzten Posaune!

MOOR: Meisterlich geraten bis hieher! aber zur Sache! Was lässt mir der hochlöbliche Magistrat durch Sie kundmachen?

PATER: Was du nie wert bist, zu empfangen – Schau um dich, Mordbrenner! Was nur dein Auge absehen kann, bist du eingeschlossen von unsern Reutern – hier ist kein Raum zum Entrinnen mehr – so gewiss Kirschen auf diesen Eichen wachsen, und diese Tannen Pfirsiche tragen, so gewiss werdet ihr unversehrt diesen Eichen und diesen Tannen den Rücken kehren.

MOOR: Hörst du's wohl, Schweizer? – Aber nur weiter!

PATER: Höre denn, wie gütig, wie langmütig das Gericht mit dir Böswicht verfährt. Wirst du itzt gleich zum Kreuz kriechen, und um Gnade und Schonung flehen, siehe, so wird dir die Strenge selbst Erbarmen, die Gerechtigkeit eine liebende Mutter sein – sie drückt das Auge bei der Hälfte deiner Verbrechen zu, und lässt es – denk' doch! – und lässt es bei d e m R a d e bewenden.

SCHWEIZER: Hast du's gehört, Hauptmann? Soll ich hingehn, und diesem abgerichteten Schäferhund die Gurgel zusammenschnüren, dass ihm der rote Saft aus allen Schweißlöchern sprudelt? –

ROLLER: Hauptmann! – Sturm, Wetter und Hölle! – Hauptmann! – wie er die Unterlippe zwischen die Zähne klemmt! – soll ich diesen Kerl das oberst zu unterst unters Firmament wie einen Kegel aufsetzen?

SCHWEIZER: Mir, mir! Lass mich kniend vor dir niederfallen! Mir lass die Wollust, ihn zu Brei zusammenzureiben!

(Pater schreit.)

MOOR: Weg von ihm! Wag' es keiner, ihn anzurühren! – *(Zum Pater, indem er seinen Degen zieht.)* Sehen Sie, Herr Pater! hier stehn neunundsiebenzig, deren Hauptmann ich bin, und weiß keiner auf Wink und Kommando zu fliegen oder nach Kanonenmusik zu tanzen, und draußen stehen siebenzehnhundert, unter Musketen ergraut – aber hören Sie nun! so redet Moor, der Mordbrenner Hauptmann: Wahr ist's, ich habe den Reichsgrafen erschlagen, die Dominikuskirche angezündet und geplündert, hab' Feuerbrände in eure bigotte Stadt geworfen, und den Pulverturm über die Häupter guter Christen herabgestürzt – aber das ist noch nicht alles. Ich habe noch mehr getan. *(Er streckt seine rechte Hand aus.)* Bemerken Sie die vier kostbaren Ringe, die ich an jedem Finger trage – gehen Sie hin und richten Sie Punkt für Punkt den Herren des Gerichts über Leben und Tod aus, was Sie sehen und hören werden – diesen Rubin zog ich einem Minister vom Finger, den ich auf der Jagd zu den Füßen seines Fürsten niederwarf. Er hatte sich aus dem Pöbelstaub zu seinem ersten Günstling emporgeschmeichelt, der Fall seines Nachbars war seiner Hoheit Schemel – Tränen der Waisen huben ihn auf. Diesen Demant zog ich einem Finanzrat ab, der Ehrenstellen und Ämter an die Meistbietenden verkaufte und nicht trauernden Patrioten von seiner Türe stieß. – Diesen Achat trag' ich einem

Muskete: Gewehr

Demant: Diamantring

Pfaffen Ihres Gelichters zur Ehre, den ich mit eigener Hand erwürgte, als er auf offener Kanzel geweint hatte, dass die Inquisition so in Zerfall käme – ich könnte Ihnen noch mehr Geschichten von meinen Ringen erzählen, wenn mich nicht schon die paar Worte gereuten, die ich mit Ihnen verschwendet habe –

PATER: O Pharao! Pharao!

MOOR: Hört ihr's wohl? Habt ihr den Seufzer bemerkt? Steht er nicht da, als wollte er Feuer vom Himmel auf die Rotte Korah herunterbeten, richtet mit einem Achselzucken, verdammt mit einem christlichen Ach! – Kann der Mensch denn so blind sein? Er, der die hundert Augen des Argus hat, Flecken an seinem Bruder zu spähen, kann er so gar blind gegen sich selbst sein? – Da donnern sie Sanftmut und Duldung aus ihren Wolken, und bringen dem Gott der Liebe Menschenopfer, wie einem feuerarmigen Moloch – predigen Liebe des Nächsten, und fluchen den achtzigjährigen Blinden von ihren Türen hinweg; – stürmen wider den Geiz und haben Peru um goldner Spangen willen entvölkert und die Heiden wie Zugvieh vor ihre Wagen gespannt – Sie zerbrechen sich die Köpfe, wie es doch möglich gewesen wäre, dass die Natur hätte können einen Ischariot schaffen, und nicht der Schlimmste unter ihnen würden den dreieinigen Gott um zehen Silberlinge verraten. – O über euch Pharisäer, euch Falschmünzer der Wahrheit, euch Affen der Gottheit! Ihr scheut euch nicht, vor Kreuz und Altären zu knien, zerfleischt eure Rücken mit Riemen, und foltert euer Fleisch mit Fasten; ihr wähnt, mit diesen erbärmlichen Gaukeleien demjenigen einen blauen Dunst vorzumachen, den ihr Toren doch den Allwissenden nennt, nicht anders, als wie man der Großen am bittersten spottet, wenn man ihnen schmeichelt, dass sie die Schmeichler hassen; ihr

Ihres Gelichters: Ihrer Art (abwertend)

Inquisition: Ketzerverfolgung

Rotte Korah: Gruppe von Aufrührern, die sich gegen Moses erhob und von Gott vernichtet wurde (4. Mose, 16,5)

Argusaugen: etwas nicht aus den Augen lassen

Moloch: biblischer Opferritus von Kindern

Peru […] entvölkert: Die span. Eroberer töteten aus Goldgier die Bevölkerung insb. Perus.

Ischariot: Verräter

Pharisäer: *hier* Heuchler

pocht auf Ehrlichkeit und exemplarischen Wandel, und der Gott, der euer Herz durchschaut, würde wider den Schöpfer ergrimmen, wenn er nicht eben der wäre, der das Ungeheuer am Nilus erschaffen hat. – Schafft ihn aus meinen Augen!

Ungeheuer am Nilus: Krokodil

PATER: Dass ein Bösewicht noch so stolz sein kann!

MOOR: Nicht genug – itzt will ich stolz reden. Geh hin und sage dem hochlöblichen Gericht, das über Leben und Tod würfelt – Ich bin kein Dieb, der sich mit Schlaf und Mitternacht verschwört, und auf der Leiter groß und herrisch tut – was ich getan habe, werd' ich ohne Zweifel einmal im Schuldbuch des Himmels lesen, aber mit seinen erbärmlichen Verwesern will ich kein Wort mehr verlieren. Sag ihnen, mein Handwerk ist Wiedervergeltung – Rache ist mein Gewerbe. *(Er kehrt ihm den Rücken zu.)*

Leiter: *hier* Galgen

PATER: Du willst also nicht Schonung und Gnade? – Gut, mit dir bin ich fertig. *(Wendet sich zu der Bande.)* So höret dann ihr, was die Gerechtigkeit euch durch mich zu wissen tut! – Werdet ihr itzt gleich diesen verurteilten Missetäter gebunden überliefern, seht, so soll euch die Strafe eurer Gräuel bis auf das letzte Andenken erlassen sein – die heilige Kirche wird euch verlorne Schafe mit erneuerter Liebe in ihren Mutterschoß aufnehmen, und jedem unter euch soll der Weg zu einem Ehrenamt offenstehn. *(Mit triumphierendem Lächeln)* Nun, nun? Wie schmeckt das, E[uer] Majestät? – Frisch also! Bindet ihn, und seid frei!

das letzte Andenken: das Jüngste Gericht

MOOR: Hört ihr's auch? Hört ihr? Was stutzt ihr? Was steht ihr verlegen da? Sie bietet euch Freiheit, und ihr seid wirklich schon ihre Gefangene. – Sie schenkt euch das Leben, und das ist keine Prahlerei, denn ihr seid wahrhaftig gerichtet – Sie verheißt euch Ehren und Ämter und was kann euer Los anders sein, wenn ihr auch obsiegtet, als Schmach und Fluch und Verfolgung. – Sie kündigt euch Versöhnung vom Himmel an, und ihr seid wirklich verdammt. Es ist kein Haar an keinem unter euch, das nicht in die Hölle fährt. Überlegt ihr noch? Wankt ihr noch? Ist es so schwer, zwischen Himmel und Hölle zu wählen? Helfen Sie doch, Herr Pater!

PATER *(vor sich)*: Ist der Kerl unsinnig? – Sorgt ihr etwa, dass dies eine Falle sei, euch lebendig zu fangen? – Leset selbst, hier ist der Generalpardon unterschrieben. *(Er gibt Schweizern ein Papier.)* Könnt ihr noch zweifeln?

Generalpardon: allgemeine Begnadigung

MOOR: Seht doch, seht doch! Was könnt ihr mehr verlangen? – Unterschrieben mit eigener Hand – es ist Gnade über alle Grenzen – oder fürchtet ihr wohl, sie werden ihr Wort brechen, weil ihr einmal gehört habt, dass man Verrätern nicht Wort hält? – O seid außer Furcht! Schon die Politik könnte sie zwingen, Wort zu halten, wenn sie es auch dem Satan gegeben hätten. – Wer würde ihnen in Zukunft noch Glauben beimessen? Wie würden sie je einen zweiten Gebrauch davon machen können? – Ich wollte drauf schwören, sie meinen's aufrichtig. Sie wissen, dass ich es bin, der euch empört und erbittert hat, euch halten sie für unschuldig. Eure Verbrechen legen sie für Jugendfehler, für Übereilungen aus. Mich allein wollen sie haben, ich allein verdiene zu büßen. Ist es nicht so, Herr Pater?

PATER: Wie heißt der Teufel, der aus ihm spricht? – Ja freilich, freilich ist es so – der Kerl macht mich wirbeln.

macht mich wirbeln: verwirrt mich

MOOR: Wie, noch keine Antwort? denkt ihr wohl gar mit den Waffen noch durchzureißen? Schaut doch um euch, schaut doch um euch! Das werdet ihr doch nicht denken, das wäre itzt kindische Zuversicht. – Oder schmeichelt ihr euch wohl gar, als Helden zu fallen, weil ihr saht, dass ich mich aufs Getümmel freute? – Oh glaubt das nicht! Ihr seid nicht M o o r! – Ihr seid heillo-

durchreißen: es herumreißen

se Diebe! Elende Werkzeuge meiner größeren Plane, wie der Strick verächtlich in der Hand des Henkers! – Diebe können nicht fallen, wie Helden fallen. Das Leben ist den Dieben Gewinn, dann kommt was Schröckliches nach – Diebe haben das Recht, vor dem Tode zu zittern. – Höret, wie ihre Hörner tönen! Sehet, wie drohend ihre Säbel daher blinken! wie? noch unschlüssig? seid ihr toll? seid ihr wahnwitzig? – Es ist unverzeihlich! Ich dank' euch mein Leben nicht, ich schäme mich eures Opfers!

PATER *(äußerst erstaunt)*: Ich werde unsinnig, ich laufe davon! Hat man je von so was gehört?

MOOR: Oder fürchtet ihr wohl, ich werde mich selbst erstechen, und durch einen Selbstmord den Vertrag zernichten, der nur an dem Lebendigen haftet? Nein, Kinder! das ist eine unnütze Furcht. Hier werf' ich meinen Dolch weg, und meine Pistolen und dies Fläschchen mit Gift, das mir noch wohlkommen sollte – ich bin so elend, dass ich auch die Herrschaft über mein Leben verloren habe. – Was, noch unschlüssig? Oder glaubt ihr vielleicht, ich werde mich zur Wehr setzen, wenn ihr mich binden wollt? Seht! hier bind' ich meine rechte Hand an diesen Eichenast, ich bin ganz wehrlos, ein Kind kann mich umwerfen – Wer ist der Erste, der seinen Hauptmann in der Not verlässt?

ROLLER *(in wilder Bewegung)*: Und wann die Hölle uns neunfach umzingelte! *(Schwenkt seinen Degen.)* Wer kein Hund ist, rette den Hauptmann!

SCHWEIZER *(zerreißt den Pardon und wirft die Stücke dem Pater ins Gesicht)*: In unsern Kugeln Pardon! Fort, Kanaille! sag dem Senat, der dich gesandt hat, du träfst unter Moors Bande keinen einzigen Verräter an. – Rettet, rettet den Hauptmann!

ALLE *(lärmen)*: Rettet, rettet, rettet den Hauptmann!

MOOR *(sich losreißend, freudig)*: Itzt sind wir frei – Kameraden! Ich fühle eine Armee in meiner Faust – Tod oder Freiheit! Wenigstens sollen sie keinen lebendig haben!

(Man bläst zum Angriff. Lärm und Getümmel. Sie gehen ab mit gezogenem Degen.)

Dritter Akt

Erste Szene

AMALIA *(im Garten, spielt auf der Laute)*:
Schön wie Engel, voll Walhallas Wonne,
Schön vor allen Jünglingen war er,
Himmlisch mild sein Blick, wie Maiensonne,
Rückgestrahlt vom blauen Spiegelmeer.

Sein Umarmen – wütendes Entzücken! –
Mächtig feurig klopfte Herz an Herz,
Mund und Ohr gefesselt – Nacht vor unsern Blicken –
Und der Geist gewirbelt himmelwärts.

Seine Küsse – paradiesisch Fühlen! –
Wie zwo Flammen sich ergreifen, wie
Harfentöne in einander spielen
Zu der himmelvollen Harmonie.

Stürzten, flogen, rasten Geist und Geist zusammen,
Lippen, Wangen brannten, zitterten, –
Seele rann in Seele – Erd und Himmel schwammen
Wie zerronnen, um die Liebenden.

Er ist hin – vergebens ach! vergebens
Stöhnet ihm der bange Seufzer nach.
Er ist hin – und alle Lust des Lebens
Wimmert hin in ein verlornes Ach! –

Franz tritt auf.

FRANZ: Schon wieder hier, eigensinnige Schwärmerin? Du hast dich vom frohen Mahle hinweggestohlen und den Gästen die Freude verdorben.

AMALIA: Schade für diese unschuldigen Freuden! Das Totenlied muss noch in deinen Ohren murmeln, das deinem Vater zu Grabe hallte –

FRANZ: Willst du denn ewig klagen? Lass die Toten schlafen und mache die Lebendigen glücklich! Ich komme –

AMALIA: Und wann gehst du wieder?

FRANZ: O weh! Kein so finsteres stolzes Gesicht! du betrübst mich, Amalia. Ich komme, dir zu sagen –

AMALIA: Ich muss wohl hören, Franz von Moor ist ja gnädiger Herr worden.

FRANZ: Ja recht, das war's, worüber ich dich vernehmen wollte – Maximilian ist schlafen gegangen in der Väter Gruft. Ich bin Herr. Aber ich möchte es vollends ganz sein, Amalia. – Du weißt, was du unserm Hause warst, du wardst gehalten wie Moors Tochter, selbst den Tod überlebte seine Liebe zu dir, das wirst du wohl niemals vergessen? –

AMALIA: Niemals, niemals. Wer das auch so leichtsinnig beim frohen Mahle hinwegzechen könnte!

FRANZ: Die Liebe meines Vaters musst du in seinen Söhnen belohnen, und Karl ist tot – staunst du? schwindelt dir? Ja wahrhaftig, der Gedanke ist auch so schmeichelnd erhaben, dass er selbst den Stolz eines Weibes betäubt. Franz tritt die Hoffnungen der edelsten Fräuleins mit Füßen, Franz kommt und bietet einer armen, ohne ihn hülflosen Waise sein Herz, seine Hand, und mit ihr all sein Gold an und all seine Schlösser und Wälder. Franz, der Beneidete, der Gefürchtete, erklärt sich freiwillig für Amalias Sklaven –

AMALIA: Warum spaltet der Blitz die ruchlose Zunge nicht, die das Frevelwort ausspricht! Du hast meinen Geliebten ermordet, und Amalia soll dich Gemahl nennen! du –

FRANZ: Nicht so ungestüm, allergnädigste Prinzessin! – Freilich krümmt Franz sich nicht wie ein girrender Seladon vor dir – freilich hat er nicht gelernt, gleich dem schmachtenden Schäfer Arkadiens, dem Echo der Grotten und Felsen seine Liebesklagen entgegen zu jammern – Franz spricht, und wenn man nicht antwortet, so wird er – befehlen.

Seladon: Liebhaber

Arkadien: idyllische Landschaft

AMALIA: Wurm, du, befehlen? mir befehlen? – und wenn man den Befehl mit Hohnlachen zurückschickt?

FRANZ: Das wirst du nicht. Noch weiß ich Mittel, die den Stolz eines einbildischen Starrkopfs so hübsch niederbeugen können – Klöster und Mauren!

einbildisch: eingebildet

AMALIA: Bravo! herrlich! und in Kloster und Mauren mit deinem Basiliskenanblick auf ewig verschont, und Muße genug, an Karln zu denken, zu hangen. Willkommen in deinem Kloster! auf auf mit deinen Mauren!

Basilisk: Fabelwesen, ein Drache mit Vogelkopf

FRANZ: Haha! ist es das? – Gib Acht! Itzt hast du mich die Kunst gelehrt, wie ich dich quälen soll – diese ewige Grille von Karl soll dir mein Anblick gleich einer feuerhaarigen Furie aus dem Kopfe geißeln, das Schreckbild Franz soll hinter dem Bild deines Lieblings im Hinterhalt lauren, gleich dem verzauberten Hund, der auf unterirdischen Goldkästen liegt – an den Haaren will ich dich in die Kapelle schleifen, den Degen in der Hand, dir den ehlichen Schwur aus der Seele pressen, dein jungfräuliches Bette im Sturm ersteigen, und deine stolze Scham mit noch größerem Stolze besiegen.

AMALIA *(gibt ihm eine Maulschelle)*: Nimm erst das zur Aussteuer hin.

Maulschelle: Ohrfeige

FRANZ *(aufgebracht)*: Ha! wie das zehnfach und wieder zehnfach geahndet werden soll! – Nicht meine Gemahlin – die Ehre sollst du nicht haben – meine Mätresse sollst du werden, dass die ehrlichen Bauernweiber mit Fingern auf dich deuten, wenn du es wagst und über die

Mätresse: Geliebte

ehrlich: ehrbar

Gasse gehst. Knirsche nur mit den Zähnen – speie Feuer und Mord aus den Augen – mich ergötzt der Grimm eines Weibes, macht dich nur schöner, begehrenswerter. Komm – dieses Sträuben wird meinen Triumph zieren und mir die Wollust in erzwungnen Umarmungen würzen – Komm mit in meine Kammer – ich glühe vor Sehnsucht – itzt gleich sollst du mit mir gehn. *(Will sie fortreißen.)*

AMALIA *(fällt ihm um den Hals)*: Verzeih mir, Franz! *(Wie er sie umarmen will, reißt sie ihm den Degen von der Seite und tritt hastig zurück.)* Siehst du, Bösewicht, was ich jetzt aus dir machen kann? – Ich bin ein Weib, aber ein rasendes Weib – wag' es einmal mit unzüchtigem Griff meinen Leib zu betasten – dieser Stahl soll deine geile Brust mitten durchrennen, und der Geist meines Oheims wird mir die Hand dazu führen. Fleuch auf der Stelle! *(Sie jagt ihn davon.)*

Fleuch: Flieh

Ah! wie mir wohl ist – Itzt kann ich frei atmen – ich fühlte mich stark wie das funkensprühende Ross, grimmig wie die Tigerin dem siegbrüllenden Räuber ihrer Jungen nach – In ein Kloster, sagt er – dank dir für diese glückliche Entdeckung! – Itzt hat die betrogene Liebe ihre Freistatt gefunden – das Kloster – das Kreuz des Erlösers ist die Freistatt der betrognen Liebe. *(Sie will gehen.)*

Freistatt: Zuflucht

Hermann tritt schüchtern herein.

HERMANN: Fräulein Amalia! Fräulein Amalia!

AMALIA: Unglücklicher! Was störest du mich?

HERMANN: Dieser Zentner muss von meiner Seele, eh er sie zur Hölle drückt. *(Wirft sich vor ihr nieder.)* Vergebung! Vergebung! Ich hab' Euch sehr beleidigt, Fräulein Amalia.

AMALIA: Steh auf! Geh! Ich will nichts wissen. *(Will fort.)*

HERMANN *(der sie zurückhält)*: Nein! Bleibt! Bei Gott! Bei dem ewigen Gott! Ihr sollt alles wissen!

AMALIA: Keinen Laut weiter – Ich vergebe dir – Ziehe heim in Frieden. *(Will hinweg eilen.)*

HERMANN: So höret nur ein einziges Wort – es wird Euch all' Eure Ruhe wiedergeben.

AMALIA *(kommt zurück und blickt ihn verwundernd an)*: Wie Freund? – wer im Himmel und auf Erden kann mir meine Ruhe wiedergeben?

HERMANN: Das kann von meinen Lippen ein einziges Wort – höret mich an!

AMALIA *(mit Mitleiden seine Hand ergreifend)*: Guter Mensch – Kann ein Wort von deinen Lippen die Riegel der Ewigkeit aufreißen?

HERMANN *(steht auf)*: Karl lebt noch!

AMALIA *(schreiend)*: Unglücklicher!

HERMANN: Nicht anders – Nun noch ein Wort – Euer Oheim –

Oheim: Onkel

AMALIA *(gegen ihn herstürzend)*: Du lügst –

HERMANN: Euer Oheim –

AMALIA: Karl lebt noch!

HERMANN: Und Euer Oheim –

AMALIA: Karl lebt noch?

HERMANN: Auch Euer Oheim – Verratet mich nicht. *(Eilt hinaus.)*

AMALIA *(steht lang wie versteinert. Dann fährt sie wild auf, eilt ihm nach)*: Karl lebt noch!

Zweite Szene

Gegend an der Donau.

Die Räuber, gelagert auf einer Anhöhe unter Bäumen, die Pferde weiden den Hügel hinunter.

MOOR: Hier muss ich liegen bleiben. *(Wirft sich auf die Erde.)* Meine Glieder wie abgeschlagen. Meine Zunge trocken wie eine Scherbe. *(Schweizer verliert sich unvermerkt.)* Ich wollt' euch bitten, mir eine Handvoll Wassers aus diesem Strome zu holen, aber ihr seid alle matt bis in den Tod.

SCHWARZ: Auch ist der Wein all in unsern Schläuchen.

MOOR: Seht doch, wie schön das Getreide steht! – Die Bäume brechen fast unter ihrem Segen. – Der Weinstock voll Hoffnung.

GRIMM: Es gibt ein fruchtbares Jahr.

MOOR: Meinst du? – Und so würde doch ein Schweiß in der Welt bezahlt. – Einer? – – Aber es kann ja über Nacht ein Hagel fallen und alles zu Grund schlagen.

SCHWARZ: Das ist leicht möglich. Es kann alles zu Grund gehen, wenig Stunden vorm Schneiden.

MOOR: Das sag' ich ja. Es wird alles zu Grund gehn. Warum soll dem Menschen das gelingen, was er von der Ameise hat, wenn ihm das fehlschlägt, was ihn den Göttern gleich macht! – Oder ist hier die Mark seiner Bestimmung?

Mark: Grenze

SCHWARZ: Ich kenne sie nicht.

MOOR: Du hast gut gesagt und noch besser getan, wenn du sie nie zu kennen verlangtest! – Bruder – ich habe die Menschen gesehen, ihre Bienensorgen, und ihre Riesenprojekte – ihre Götterplane und ihre Mäusegeschäfte, das wunderseltsame Wettrennen nach Glückseligkeit; – dieser dem Schwung seines Rosses anvertraut – ein anderer der Nase seines Esels – ein Dritter seinen eigenen Beinen; dieses bunte Lotto des Lebens, worein so mancher seine Unschuld, und – seinen Himmel setzt, einen Treffer zu haschen, und – Nullen sind der Auszug – am Ende war kein Treffer darin. Es ist ein Schauspiel,

Auszug: Ergebnis der Losziehung

Bruder, das Tränen in deine Augen lockt, wenn es dein Zwerchfell zum Gelächter kitzelt.

SCHWARZ: Wie herrlich die Sonne dort untergeht!

MOOR *(in den Anblick verschwimmt)*: So stirbt ein Held! – Anbetenswürdig.

verschwimmt: versunken

GRIMM: Du scheinst tief gerührt.

MOOR: Da ich noch ein Bube war – war's mein Lieblingsgedanke, wie s i e zu leben, zu sterben wie s i e. – *(Mit verbissnem Schmerz.)* Es war ein Bubengedanke!

GRIMM: Das will ich hoffen.

MOOR *(drückt den Hut übers Gesicht)*: Es war eine Zeit – Lasst mich allein, Kameraden.

SCHWARZ: Moor! Moor! Was zum Henker? – wie er seine Farbe verändert!

GRIMM: Alle Teufel! was hat er? wird ihm übel?

MOOR: Es war eine Zeit, wo ich nicht schlafen konnte, wenn ich mein Nachtgebet vergessen hatte –

GRIMM: Bist du wahnsinnig? Willst du dich von deinen Bubenjahren hofmeistern lassen?

hofmeistern: beherrschen

MOOR *(legt sein Haupt auf Grimms Brust)*: Bruder! Bruder!

GRIMM: Wie? sei doch kein Kind – ich bitte dich –

MOOR: Wär ich's – wär ich's wieder!

GRIMM: Pfui! Pfui!

SCHWARZ: Heitre dich auf. Sieh diese malerische Landschaft – den lieblichen Abend.

MOOR: Ja, Freunde, diese Welt ist so schön.

SCHWARZ: Nun, das war wohl gesprochen.

MOOR: Diese Erde so herrlich.

GRIMM: Recht – recht – so hör' ich's gerne.

MOOR *(zurückgesunken)*: Und ich so hässlich auf dieser schönen Welt – und ich ein Ungeheuer auf dieser herrlichen Erde.

GRIMM: O weh, o weh!

MOOR: Meine Unschuld! Meine Unschuld! – Seht! es ist alles hinausgegangen, sich im friedlichen Strahl des Frühlings zu sonnen – warum ich allein die Hölle saugen aus den Freuden des Himmels? – dass alles so glücklich ist, durch den Geist des Friedens alles so verschwistert! – die ganze Welt eine Familie und ein Vater dort oben – Mein Vater nicht – Ich allein der Verstoßene, ich allein ausgemustert aus den Reihen der Reinen – mir nicht der süße Name Kind – nimmer mir der Geliebten schmachtender Blick – nimmer nimmer des Busenfreundes Umarmung! *(Wild zurückfahrend.)* Umlagert von Mördern – von Nattern umzischt – angeschmiedet an das Laster mit eisernen Banden – hinausschwindelnd ins Grab des Verderbens auf des Lasters schwankendem Rohr – mitten in den Blumen der glücklichen Welt ein heulender Abbadonna!

hinausschwindelnd […] Rohr: wie im Schwindel […] getrieben werden

Abbadonna: reumütig gefallener Engel

SCHWARZ *(zu den übrigen)*: Unbegreiflich! Ich hab' ihn nie so gesehen.

MOOR *(mit Wehmut)*: Dass ich wiederkehren dürfte in meiner Mutter Leib! dass ich ein Bettler geboren werden dürfte! – nein! ich wollte nicht mehr o Himmel – dass ich werden dürfte wie dieser Taglöhner einer! – O ich wollte mich abmüden, dass mir das Blut von den Schläfen rollte – mir die Wollust eines einzigen Mittagsschlafs zu erkaufen – die Seligkeit einer einzigen Träne.

GRIMM *(zu den andern)*: Nur Geduld! Der Paroxysmus ist schon im Fallen.

Paroxysmus: anfallsartige Steigerung von Krankheitserscheinungen

MOOR: Es war eine Zeit, wo sie mir so gern flossen – o ihr Tage des Friedens! Du Schloss meines Vaters – ihr grünen, schwärmerischen Täler! O all ihr Elysiumsszenen meiner Kindheit! – Werdet ihr nimmer zurückkehren – nimmer mit köstlichem Säuseln meinen brennenden Busen kühlen? – Traure mit mir, Natur – Sie werden nimmer zurückkehren, nimmer mit köstlichem Säuseln meinen brennenden Busen kühlen. – Dahin! Dahin! unwiederbringlich! –

Schweizer mit Wasser im Hut.

SCHWEIZER: Sauf zu, Hauptmann – hier ist Wasser genug, und frisch wie Eis.

SCHWARZ: Du blutest ja – was hast du gemacht?

SCHWEIZER: Narr, einen Spaß, der mich bald zwei Beine und einen Hals gekostet hätte. Wie ich so auf dem Sandhügel am Fluss hintrolle, glitsch, so rutscht der Plunder unter mir ab und ich zehn rheinländische Schuh lang hinunter – da lag ich, und wie ich mir eben meine fünf Sinne wieder zurechtsetze, treff' ich dir das klarste Wasser im Kies. Genug diesmal für den Tanz, dacht' ich, dem Hauptmann wird's wohl schmecken.

rheinländische Schuh: Längenmaß

MOOR *(gibt ihm den Hut zurück und wischt ihm sein Gesicht ab)*: Sonst sieht man ja die Narben nicht, die die böhmischen Reuter in deine Stirne gezeichnet haben – dein Wasser war gut, Schweizer – diese Narben stehen dir schön.

SCHWEIZER: Pah! hat noch Platz genug für ihrer dreißig.

MOOR: Ja, Kinder – es war ein heißer Nachmittag – und nur einen Mann verloren – mein Roller starb einen schönen Tod. Man würde einen Marmor auf seine Gebeine setzen, wenn er nicht mir gestorben wäre. Nehmet vorlieb mit diesem. *(Er wischt sich die Augen.)* Wie viel waren's doch von den Feinden, die auf dem Platz blieben?

SCHWEIZER: Hundertundsechzig Husaren – dreiundneunzig Dragoner, gegen vierzig Jäger – dreihundert in allem.

MOOR: Dreihundert für einen! – Jeder von euch hat Anspruch an diesen Scheitel! *(Er entblößt sich das Haupt.)*

Hier heb' ich meinen Dolch auf! So wahr meine Seele lebt! Ich will euch niemals verlassen.

SCHWEIZER: Schwöre nicht! du weißt nicht, ob du nicht noch glücklich werden und bereuen wirst.

MOOR: Bei den Gebeinen meines Rollers! Ich will euch niemals verlassen.

Kosinski kommt.

KOSINSKI *(vor sich)*: In dieser Revier herum, sagen sie, werd' ich ihn antreffen – he, holla! was sind das für Gesichter? – Sollten's – wie, wenn's diese – sie sind's, sind's! – ich will sie anreden.

dieser Revier: dieses Gebiet

SCHWARZ: Gebt Acht! wer kommt da?

KOSINSKI: Meine Herren, verzeihen Sie! Ich weiß nicht, geh' ich recht, oder unrecht?

MOOR: Wer müssen wir sein, wenn Sie recht gehn?

KOSINSKI: Männer!

SCHWEIZER: Ob wir das auch gezeigt haben, Hauptmann?

KOSINSKI: Männer such' ich, die dem Tod ins Gesicht sehen und die Gefahr wie eine zahme Schlange um sich spielen lassen, die Freiheit höher schätzen als Ehre und Leben, deren bloßer Name, willkommen dem Armen und Unterdrückten, die Beherztesten feig und Tyrannen bleich macht.

SCHWEIZER *(zum Hauptmann)*: Der Bursche gefällt mir. – Höre, guter Freund! Du hast deine Leute gefunden.

KOSINSKI: Das denk' ich, und will hoffen, bald meine Brüder. – So könnt ihr mich denn zu meinem rechten Manne weisen, denn ich such' euern Hauptmann, den großen Grafen von Moor.

SCHWEIZER *(gibt ihm die Hand mit Wärme)*: Lieber Junge! wir duzen einander.

MOOR *(näher kommend)*: Kennen Sie auch den Hauptmann?

KOSINSKI: Du bist's – in dieser Miene – wer sollte dich ansehen und einen andern suchen? *(Starrt ihn lange an.)* Ich habe mir immer gewünscht, den Mann mit dem vernichtenden Blicke zu sehen, wie er saß auf den Ruinen von Karthago – itzt wünsch' ich es nicht mehr.

Karthago: von den Römer 146 v. Chr. zerstörte Stadt in Nordafrika

SCHWEIZER: Blitzbub!

MOOR: Und was führt Sie zu mir?

KOSINSKI: O Hauptmann! mein mehr als grausames Schicksal – ich habe Schiffbruch gelitten auf der ungestümen See der Welt, die Hoffnungen meines Lebens hab' ich müssen sehen in den Grund sinken, und blieb mir nichts übrig, als die marternde Erinnerung ihres Verlustes, die mich wahnsinnig machen würde, wenn ich sie nicht durch anderwärtige Tätigkeit zu ersticken suchte.

MOOR: Schon wieder ein Kläger gegen die Gottheit! – Nur weiter.

KOSINSKI: Ich wurde Soldat; das Unglück verfolgte mich auch da – ich machte eine Fahrt nach Ostindien mit, mein Schiff scheiterte an Klippen – nichts als fehlgeschlagene Plane! Ich höre endlich weit und breit erzählen von deinen Taten, Mordbrennereien, wie sie sie nannten, und bin hieher gereist dreißig Meilen weit, mit dem festen Entschluss, unter dir zu dienen, wenn du meine Dienste annehmen willst – Ich bitte dich, würdiger Hauptmann, schlage mir's nicht ab!

Plane: Pläne

SCHWEIZER *(mit einem Sprung)*: Heisa! Heisa! So ist ja unser Roller zehnhundertfach vergütet! Ein ganzer Mordbruder für unsre Bande!

MOOR: Wie ist dein Name?

KOSINSKI: Kosinski.

MOOR: Wie Kosinski, weißt du auch, dass du ein leichtsinniger Knabe bist, und über den großen Schritt deines Lebens weggaukelst, wie ein unbesonnenes Mädchen –

Hier wirst du nicht Bälle werfen oder Kegelkugeln schieben, wie du dir einbildest.

KOSINSKI: Ich weiß, was du sagen willst – ich bin vierundzwanzig Jahr alt, aber ich habe Degen blinken gesehen, und Kugeln um mich surren gehört.

MOOR: So, junger Herr? – und hast du dein Fechten nur darum gelernt, arme Reisende um einen Reichstaler niederzustoßen, oder Weiber hinterrücks in den Bauch zu stechen? Geh, geh! du bist deiner Amme entlaufen, weil sie dir mit der Rute gedroht hat.

SCHWEIZER: Was zum Henker, Hauptmann! was denkst du? willst du diesen Herkules fortschicken? Sieht er nicht gerade so drein, als wollt' er den Marschall von Sachsen mit einem Rührlöffel über den Ganges jagen?

Herkules: *hier* vor Kraft strotzender Mann

MOOR: Weil dir deine Lappereien missglücken, kommst du, und willst ein Schelm, ein Meuchelmörder werden? – Mord, Knabe, verstehst du das Wort auch? du magst ruhig schlafen gegangen sein, wenn du Mohnköpfe abgeschlagen hast, aber einen Mord auf der Seele zu tragen –

Lappereien: Kleinigkeiten

KOSINSKI: Jeden Mord, den du mich begehen heißt, will ich verantworten.

MOOR: Was? Bist du so klug? Willst du dich anmaßen, einen Mann mit Schmeicheleien zu fangen? Woher weißt du, dass ich nicht böse Träume habe, oder auf dem Todbett nicht werde blass werden? Wie viel hast du schon getan, wobei du an Verantwortung gedacht hast?

KOSINSKI: Wahrlich! noch sehr wenig, aber doch diese Reise zu dir, edler Graf!

MOOR: Hat dir dein Hofmeister die Geschichte des Robins in die Hände gespielt, – man sollte dergleichen unvorsichtige Kanaillen auf die Galeere schmieden – die deine kindische Phantasie erhitzte, und dich mit der tollen Sucht zum großen Mann ansteckte? Kützelt dich nach

Hofmeister: Hauslehrer, Erzieher

Robin: Robin Hood

kützeln: kitzeln

Namen und Ehre? willst du Unsterblichkeit mit Mordbrennereien erkaufen? Merk dir's, ehrgeiziger Jüngling! Für Mordbrenner grünet kein Lorbeer! Auf Banditensiege ist kein Triumph gesetzt – aber Fluch, Gefahr, Tod, Schande – siehst du auch das Hochgericht dort auf dem Hügel?

grünet kein Lorbeer: gibt's keine Ehre

Hochgericht: Galgen

SPIEGELBERG *(unwillig auf und abgehend)*: Ei wie dumm! wie abscheulich, wie unverzeihlich dumm! das ist die Manier nicht! Ich hab's anderst gemacht.

Manier: Art, Weise

KOSINSKI: Was soll der fürchten, der den Tod nicht fürchtet?

MOOR: Brav! Unvergleichlich! Du hast dich wacker in den Schulen gehalten, du hast deinen Seneca meisterlich auswendig gelernt. – Aber lieber Freund, mit dergleichen Sentenzen wirst du die leidende Natur nicht beschwätzen, damit wirst du die Pfeile des Schmerzens nimmermehr stumpf machen. – Besinne dich recht, mein Sohn! *(Er nimmt seine Hand.)* Denk', ich rate dir als ein Vater – lern' erst die Tiefe des Abgrunds kennen, eh du hineinspringst! Wenn du noch in der Welt eine einzige Freude zu erhaschen weißt – es könnten Augenblicke kommen, wo du – aufwachst – und dann – möcht' es zu spät sein. Du trittst hier gleichsam aus dem Kreise der Menschheit – entweder musst du ein höherer Mensch sein, oder du bist ein Teufel – Noch einmal, mein Sohn! wenn dir noch ein Funken von Hoffnung irgend anderswo glimmt, so verlass diesen schröcklichen Bund, den nur Verzweiflung eingeht, wenn ihn nicht eine höhere Weisheit gestiftet hat – man kann sich täuschen – Glaube mir, man kann das für Stärke des Geistes halten, was doch am Ende Verzweiflung ist – Glaub m i r, m i r! und mach' dich eilig hinweg.

Seneca: röm. Philosoph (4–65 n. Chr.), lehrte Gelassenheit gegenüber dem Tod

Sentenz: Sinnspruch

KOSINSKI: Nein! ich fliehe itzt nicht mehr. Wenn dich meine Bitten nicht rühren, so höre die Geschichte meines Unglücks. – Du wirst mir dann selbst den Dolch in die Hände zwingen, du wirst – lagert euch hier auf dem Boden und hört mir aufmerksam zu!

MOOR: Ich will sie hören.

KOSINSKI: Wisset also, ich bin ein böhmischer Edelmann, und wurde durch den frühen Tod meines Vaters Herr eines ansehnlichen Ritterguts. Die Gegend war paradiesisch – denn sie enthielt einen Engel – ein Mädchen, geschmückt mit allen Reizen der blühenden Jugend, und keusch wie das Licht des Himmels. Doch, wem sag' ich das? Es schallt an euren Ohren vorüber – ihr habt niemals geliebt, seid niemals geliebt worden –

SCHWEIZER: Sachte, sachte! Unser Hauptmann wird feuerrot.

MOOR: Hör' auf! ich will's ein andermal hören – morgen, nächstens, oder – wenn ich Blut gesehen habe.

KOSINSKI: Blut, Blut – höre nur weiter! Blut, sag' ich dir, wird deine ganze Seele füllen. Sie war bürgerlicher Geburt, eine Deutsche – aber ihr Anblick schmelzte die Vorurteile des Adels hinweg. Mit der schüchternsten Bescheidenheit nahm sie den Trauring von meiner Hand, und übermorgen sollte ich meine Amalia vor den Altar führen.

(Moor steht schnell auf.)

KOSINSKI: Mitten im Taumel der auf mich wartenden Seligkeit, unter den Zurüstungen zur Vermählung – werd' ich durch einen Expressen nach Hof zitiert. Ich stellte mich. Man zeigte mir Briefe, die ich geschrieben haben sollte, voll verräterischen Inhalts. Ich errötete über der Bosheit – man nahm mir den Degen ab, warf mich ins Gefängnis, alle meine Sinnen waren hinweg.

Zurüstung: Vorbereitung

Expressen: Eilboten

SCHWEIZER: Und unterdessen – nur weiter! Ich rieche den Braten schon.

KOSINSKI: Hier lag ich einen Monat lang und wusste nicht, wie mir geschah. Mir bangte für meine Amalia, die meines Schicksals wegen jede Minute würde einen Tod zu leiden haben. Endlich erschien der erste Minister des Hofes, wünschte mir zur Entdeckung meiner Unschuld Glück, mit zuckersüßen Worten, liest mir den Brief der Freiheit vor, gibt mir meinen Degen wieder. Itzt im Triumphe nach meinem Schloss, in die Arme meiner Amalia zu fliegen, – sie war verschwunden. In der Mitternacht sei sie weggebracht worden, wüsste niemand, wohin; und seitdem mit keinem Aug mehr gesehen. Hui! schoss mir's auf wie der Blitz, ich flieg' nach der Stadt, sondiere am Hof – alle Augen wurzelten auf mir, niemand wollte Bescheid geben – endlich entdeck' ich sie durch ein verborgenes Gitter im Palast – sie warf mir ein Billetchen zu.

mir bangte für: ich hatte Angst um

sondiere: kundschafte aus

Billetchen: Briefchen

SCHWEIZER: Hab' ich's nicht gesagt?

KOSINSKI: Hölle, Tod und Teufel! da stand's! man hatte ihr die Wahl gelassen, ob sie mich lieber sterben sehen, oder die Mätresse des Fürsten werden wollte. Im Kampf zwischen Ehre und Liebe entschied sie für das Zweite, und *(lachend)* ich war gerettet.

SCHWEIZER: Was tatst du da?

KOSINSKI: Da stand ich, wie von tausend Donnern getroffen! – Blut! war mein erster Gedanke, Blut! mein letzter. Schaum auf dem Munde renn' ich nach Haus, wähle mir einen dreispitzigen Degen, und damit in aller Jast in des Ministers Haus, denn nur er – er nur war der höllische Kuppler gewesen. Man muss mich von der Gasse bemerkt haben, denn wie ich hinauftrete, waren alle Zimmer verschlossen. Ich suche, ich frage: Er sei zum Fürsten gefahren, war die Antwort. Ich mache mich geraden

Jast: Hast

Wegs dahin, man wollte nichts von mir wissen. Ich gehe zurück, sprenge die Türen ein, finde ihn, wollte eben – aber da sprangen fünf bis sechs Bediente aus dem Hinterhalt, und entwanden mir den Degen.

SCHWEIZER *(stampft auf den Boden)*: Und er kriegte nichts, und du zogst leer ab?

KOSINSKI: Ich ward ergriffen, angeklagt, peinlich prozessiert, infam – merkt's euch! – aus besonderer Gnade infam aus den Grenzen gejagt, meine Güter fielen als Präsent dem Minister zu, meine Amalia bleibt in den Klauen des Tigers, verseufzt und vertrauert ihr Leben, während dass meine Rache fasten und sich unter das Joch des Despotismus krümmen muss.

peinlich prozessiert: unter Androhung der Folter verhört

infam: ehrlos

Despotismus: Willkür, Gewalt

SCHWEIZER *(aufstehend, seinen Degen wetzend)*: Das ist Wasser auf unsere Mühle, Hauptmann! Da gibt's was anzuzünden!

MOOR *(der bisher in heftigen Bewegungen hin und her gegangen, springt rasch auf, zu den Räubern)*: Ich muss sie sehen. – auf! rafft zusammen – du bleibst, Kosinski – packt eilig zusammen!

DIE RÄUBER: Wohin? Was?

MOOR: Wohin? wer fragt wohin? *(Heftig zu Schweizern.)* Verräter, du willst mich zurückhalten? Aber bei der Hoffnung des Himmels! –

SCHWEIZER: Verräter ich? – geh in die Hölle, ich folge dir!

MOOR *(fällt ihm um den Hals)*: Bruderherz! du folgst mir – sie weint, sie vertrauert ihr Leben. Auf! hurtig! alle! nach Franken! in acht Tagen müssen wir dort sein. *(Sie gehen ab.)*

Vierter Akt

Erste Szene

Ländliche Gegend um das Moorische Schloss. Räuber Moor, Kosinski in der Ferne.

MOOR: Geh voran, und melde mich. Du weißt doch noch alles, was du sprechen musst?

KOSINSKI: Ihr seid der Graf von Brand, kommt aus Mecklenburg, ich Euer Reutknecht – sorgt nicht, ich will meine Rolle schon spielen, lebt wohl! *(Ab.)*

MOOR: Sei mir gegrüßt, Vaterlandserde! *(Er küßt die Erde.)* Vaterlandshimmel! Vaterlandssonne! – und Fluren und Hügel und Ströme und Wälder! seid alle, alle mir herzlich gegrüßt! – wie so köstlich wehet die Luft von meinen Heimatgebürgen! wie strömt balsamische Wonne aus euch dem armen Flüchtling entgegen! – Elysium! dichterische Welt! Halt ein Moor! dein Fuß wandelt in einem heiligen Tempel. *(Er kommt näher.)* Sieh da auch die Schwalbennester im Schlosshof – auch das Gartentürchen! – und diese Ecke am Zaun, wo du so oft den Fanger belauschtest und necktest – und dort unten das Wiesental, wo du, der Held Alexander, deine Mazedonier ins Treffen bei Arbela führtest, und nebendran der grasige Hügel, von welchem du den persischen Satrapen niederwarfst – und deine siegende Fahne flatterte hoch! *(Er lächelt.)* Die goldne Maienjahre der Knabenzeit leben wieder auf in der Seele des Elenden – da warst du so glücklich, warst so ganz, so wolkenlos heiter – und nun – da liegen die Trümmer deiner Entwürfe! Hier solltest du wandeln dereinst, ein großer, stattlicher, gepriesener Mann – hier dein Knabenleben in Amalias blühenden Kindern zum zweiten Mal leben – hier! hier der Abgott deines Volks – aber der böse Feind schmoll-

Fanger: Lockvogel

der Held […] niederwarfst: Moor erinnert sich, wie er die Schlachten Alexander des Großen nachspielte

Satrap: Statthalter

der […] Feind schmollte: der Teufel lachte sich ins Fäustchen

te darzu! *(Er fährt auf.)* Warum bin ich hieher gekommen? dass mir's ginge wie dem Gefangenen, den der klirrende Eisenring aus Träumen der Freiheit aufjagt – nein, ich gehe in mein Elend zurück! – der Gefangene hatte das Licht vergessen, aber der Traum der Freiheit fuhr über ihm wie ein Blitz in die Nacht, der sie finsterer zurücklässt – Lebt wohl, ihr Vaterlandstäler! einst saht ihr den Knaben Karl, und der Knabe Karl war ein glücklicher Knabe – itzt saht ihr den Mann, und er war in Verzweiflung. *(Er dreht sich schnell nach dem äußersten Ende der Gegend, allwo er plötzlich stille steht und nach dem Schloss mit Wehmut herüber blickt.)* Sie nicht sehen, nicht einen Blick? – und nur eine Mauer gewesen zwischen mir und Amalia – Nein! sehen muss ich sie – muss ich ihn – es soll mich zermalmen! *(Er kehrt um.)* Vater! Vater! dein Sohn naht – weg mit dir, schwarzes, rauchendes Blut! weg, hohler, grasser, zuckender Todesblick! Nur d i e s e Stunde lass mir frei – Amalia! Vater! dein Karl naht! *(Er geht schnell auf das Schloss zu.)* – Quäle mich, wenn der Tag erwacht, lass nicht ab von mir, wenn die Nacht kommt – quäle mich in schröcklichen Träumen! nur vergifte mir diese einzige Wollust nicht! *(Er steht an der Pforte.)* Wie wird mir? was ist das, Moor? Sei ein Mann! – – Todesschauer – Schreckenahndung – – *(Er geht hinein.)*

grasser: grässlicher

Zweite Szene

Galerie im Schloss.
Räuber Moor, Amalia treten auf.

AMALIA: Und getrauten Sie sich wohl, sein Bildnis unter diesen Gemälden zu erkennen?

MOOR: O ganz gewiss. Sein Bild war immer lebendig in mir. *(An den Gemälden herumgehend.)* D i e s e r ist's nicht.

AMALIA: Erraten! – Er war der Stammvater des gräflichen Hauses, und erhielt den Adel von Barbarossa, dem er wider die Seeräuber diente.

Barbarossa: Kaiser Friedrich I., (1150–90)

MOOR *(immer an den Gemälden)*: Dieser ist's auch nicht – auch der nicht – auch nicht jener dort – er ist nicht unter ihnen.

AMALIA: Wie? Sehen Sie doch besser! ich dachte, Sie kennten ihn –

MOOR: Ich kenne meinen Vater nicht besser! Ihm fehlt der sanftmütige Zug um den Mund, der ihn aus Tausenden kenntlich machte – er ist's nicht.

AMALIA: Ich erstaune. Wie? Achtzehn Jahre nicht gesehn, und noch –

MOOR *(schnell mit einer fliegenden Röte)*: Dieser ist's! *(Er steht wie vom Blitz gerührt.)*

AMALIA: Ein vortrefflicher Mann!

MOOR *(in seinem Anblick versunken)*: Vater, Vater! vergib mir! – Ja, ein vortrefflicher Mann! – *(Er wischt sich die Augen.)* Ein göttlicher Mann!

AMALIA: Sie scheinen viel Anteil an ihm zu nehmen.

MOOR: Oh ein vortrefflicher Mann – und er sollte dahin sein?

AMALIA: Dahin! wie unsere besten Freuden dahingehn – *(Sanft seine Hand ergreifend)* Lieber Herr Graf, es reift keine Seligkeit unter dem Monde.

MOOR: Sehr wahr, sehr wahr – und sollten Sie schon diese traurige Erfahrung gemacht haben? Sie können nicht dreiundzwanzig Jahre alt sein.

AMALIA: Und habe sie gemacht. Alles lebt, um traurig wieder zu sterben. Wir interessieren uns nur darum, wir gewinnen nur darum, dass wir wieder mit Schmerzen verlieren.

MOOR: Sie verloren schon etwas?

AMALIA: Nichts. Alles. Nichts – wollen wir weitergehen, Herr Graf?

MOOR: So eilig? wes ist dies Bild rechter Hand dort? Mich deucht, es ist eine unglückliche Physiognomie.

Physiognomie: Gesichtsausdruck

AMALIA: Dies Bild linker Hand ist der Sohn des Grafen, der wirkliche Herr – kommen Sie, kommen Sie!

MOOR: Aber dies Bild rechter Hand?

AMALIA: Sie wollen nicht in den Garten gehn?

MOOR: Aber dies Bild rechter Hand? – du weinst, Amalia?

(Amalia schnell ab.)

MOOR: Sie liebt mich! sie liebt mich! – Ihr ganzes Wesen fing an sich zu empören, verräterisch rollten die Tränen von ihren Wangen. Sie liebt mich! – Elender, das verdientest du um sie! Steh' ich nicht hier wie ein Gerichteter vor dem tödlichen Block? Ist das der Sofa, wo ich an ihrem Halse in Wonne schwamm? Sind das die väterlichen Säle? *(Ergriffen vom Anblick seines Vaters.)* Du, du – Feuerflammen aus deinem Auge – Fluch, Fluch, Verwerfung! – wo bin ich? Nacht vor meinen Augen – Schrecknisse Gottes – Ich, ich hab' ihn getötet! *(Er rennt davon.)*

der Sofa: das Sofa

FRANZ VON MOOR *(in tiefen Gedanken)*: Weg mit diesem Bild! weg, feige Memme! was zagst du, und vor wem? ist's mir nicht die wenigen Stunden, die der Graf in diesen Maueren wandelt, als schlich' immer ein Spion der Hölle meinen Fersen nach – Ich sollt' ihn kennen! Es ist so was Großes und oft Gesehenes in seinem wilden, sonnenverbrannten Gesicht, das mich beben macht – auch Amalia ist nicht gleichgültig gegen ihn! Lässt sie nicht so gierig schmachtende Blicke auf dem Kerl herumkreuzen, mit denen sie doch gegen alle Welt sonst so geizig tut? – Sah ich's nicht, wie sie ein paar diebische Tränen in den Wein fallen ließ, den er hinter meinem Rücken so hastig in sich schlürfte, als wenn er das Glas

diebisch: heimlich

mit hineinziehen wollte? Ja, das sah ich, durch den Spiegel sah ich's mit diesen meinen Augen. Holla Franz! sieh dich vor! dahinter steckt irgendein verderbenschwangeres Ungeheuer! *(Er steht forschend dem Porträt Karls gegenüber.)* Sein langer Gänsehals – seine schwarzen, feuerwerfenden Augen, hm! hm! – sein finsteres überhangendes, buschichtes Augenbraun. *(Plötzlich zusammenfahrend.)* – schadenfrohe Hölle! jagst du mir diese Ahndung ein? Es ist Karl! Ja, itzt werden mir alle Züge wieder lebendig – Er ist's! trutz seiner Larve! – Er ist's! trutz seiner Larve! – Er ist's – Tod und Verdammnis! *(Auf und ab mit heftigen Schritten.)* Hab' ich darum meine Nächte verprasst – darum Felsen hinweggeräumt und Abgründe eben gemacht – bin ich darum gegen alle Instinkte der Menschheit rebellisch worden, dass mir zuletzt dieser unstete Landstreicher durch meine künstlichsten Wirbel tölple – Sachte! Nur sachte! Es ist nur noch Spielarbeit übrig – Bin ich doch ohnehin schon bis an die Ohren in Todsünden gewatet, dass es Unsinn wäre zurückzuschwimmen, wenn das Ufer schon so weit hinten liegt – Ans Umkehren ist doch nicht mehr zu gedenken – die Gnade selbst würde an den Bettelstab gebracht, und die unendliche Erbarmung bankerott werden, wenn sie für meine Schulden all gut sagen wollte – Also vorwärts wie ein Mann – *(Er schellt.)* – Er versammle sich zu dem Geist seines Vaters und komme, der Toten spott' ich. – Daniel, he, Daniel! – Was gilt's, den haben sie auch schon gegen mich aufgewiegelt? Er sieht so geheimnisvoll.

künstlich: kunstvoll

tölpeln: stolpern

komme: komme seinerseits als Geist, als Toter

Daniel kommt.

DANIEL: Was steht zu Befehl, mein Gebieter?

FRANZ: Nichts. Fort, fülle diesen Becher Wein, aber hurtig! *(Daniel ab.)* Wart Alter! dich will ich fangen, ins Auge will ich dich fassen, so starr, dass dein getroffenes Gewissen durch die Larve erblassen soll! – Er soll sterben! – Der ist ein Stümper, der sein Werk nur auf die Hälfte bringt, und dann weggeht, und müßig zugafft, wie es weiter damit werden wird.

Daniel mit Wein.

FRANZ: Stell' ihn hieher! Sieh mir fest ins Auge! Wie deine Knie schlottern! wie du zitterst! Gesteh Alter! Was hast du getan?

DANIEL: Nichts, gnädiger Herr, so wahr Gott lebt, und meine arme Seele!

FRANZ: Trink diesen Wein aus! – Was? Du zauderst? – Heraus, schnell! Was hast du in den Wein geworfen?

DANIEL: Hilf Gott! Was? Ich – in den Wein?

FRANZ: Gift hast du in den Wein geworfen! Bist du nicht bleich wie Schnee? Gesteh, gesteh! Wer hat's dir gegeben? Nicht wahr, der Graf, der Graf hat dir's gegeben?

DANIEL: Der Graf? Jesus Maria! Der Graf hat mir nichts gegeben.

FRANZ *(greift ihn hart an)*: Ich will dich würgen, dass du blau wirst, eisgrauer Lügner du! Nichts? Und was staket ihr denn so beisammen? Er und du und Amalia? Und was flüstertet ihr immer zusammen? Heraus damit! Was für Geheimnisse, was für Geheimnisse hat er dir anvertraut?

staket: steckt

DANIEL: Das weiß der allwissende Gott! Er hat mir keine Geheimnisse anvertraut.

FRANZ: Willst du es leugnen? Was für Kabalen habt ihr angezettelt, mich aus dem Weg zu räumen? Nicht wahr? Mich im Schlaf zu erdrosseln? Mir beim Bartscheren die Gurgel abzuschneiden? Mir im Wein oder im Schokolade zu vergeben? Heraus, heraus! – oder mir in der Suppe den ewigen Schlaf zu geben? Heraus damit, ich weiß alles.

Kabale: Intrige

vergeben: vergiften

DANIEL: So helfe mir Gott, wenn ich in Not bin, wie ich Euch jetzt nichts anders sage als die reine, lautere Wahrheit.

FRANZ: Diesmal will ich dir verzeihen. Aber gelt, er steckte dir gewiss Geld in deinen Beutel? Er drückte dir die Hand stärker, als der Brauch ist? so ungefähr, wie man sie seinen alten Bekannten zu drücken pflegt?

DANIEL: Niemals, mein Gebieter.

FRANZ: Er sagte dir, zum Exempel, dass er dich etwa schon kenne? – dass du ihn fast kennen solltest? Dass dir einmal die Decke von den Augen fallen würde – dass – was? Davon sollt' er dir niemals gesagt haben?

fast: *hier* wohl

DANIEL: Nicht das Mindeste.

FRANZ: Dass gewisse Umstände ihn abhielten – dass man oft Masken nehmen müsse, um seinen Feinden zuzukönnen – dass er sich rächen wolle, aufs Grimmigste rächen wolle.

zuzukönnen: beizukommen

DANIEL: Nicht einen Laut von diesem allem.

FRANZ: Was? Gar nichts? Besinne dich recht. – Dass er den alten Herrn sehr genau – besonders genau gekannt – dass er ihn liebe – ungemein liebe – wie ein Sohn liebe –

DANIEL: Etwas dergleichen erinnere ich mich von ihm gehört zu haben.

FRANZ *(blass)*: Hat er, hat er wirklich? Wie, so lass mich doch hören! Er sagte, er sei mein Bruder?

DANIEL *(betroffen)*: Was, mein Gebieter? – Nein, das sagte er nicht. Aber wie ihn das Fräulein in der Galerie herumführte, ich putzte eben den Staub von den Rahmen der Gemälde ab, stand er bei dem Porträt des seligen Herrn plötzlich still, wie vom Donner gerührt. Das gnädige Fräulein deutete darauf hin, und sagte: Ein vortrefflicher Mann! Ja, ein vortrefflicher Mann, gab er zur Antwort, indem er sich die Augen wischte.

FRANZ: Höre Daniel! Du weißt, ich bin immer ein gütiger Herr gegen dich gewesen, ich hab' dir Nahrung und Kleider gegeben, und dein schwaches Alter in allen Geschäften geschonet –

DANIEL: Dafür lohn' Euch der liebe Herr Gott! und ich hab' Euch immer redlich gedienet.

FRANZ: Das wollt' ich eben sagen. Du hast mir in deinem Leben noch keine Widerrede gegeben, denn du weißt gar zu wohl, dass du mir Gehorsam schuldig bist in allem, was ich dich heiße.

DANIEL: In allem von ganzem Herzen, wenn es nicht wider Gott und mein Gewissen geht.

FRANZ: Possen, Possen! Schämst du dich nicht? Ein alter Mann, und an das Weihnachtsmärchen zu glauben! Geh Daniel! das war ein dummer Gedanke. Ich bin ja Herr. Mich werden Gott und Gewissen strafen, wenn es ja einen Gott und ein Gewissen gibt.

Possen: Unsinn

DANIEL *(schlägt die Hände zusammen)*: Barmherziger Himmel!

FRANZ: Bei deinem Gehorsam! Verstehst du das Wort auch? Bei deinem Gehorsam befehl' ich dir, morgen darf der Graf nimmer unter den Lebendigen wandeln.

DANIEL: Hilf, heiliger Gott! Weswegen?

FRANZ: Bei deinem blinden Gehorsam! – und an dich werd' ich mich halten.

DANIEL: An mich? Hilf selige Mutter Gottes! An mich? Was hab' ich alter Mann denn Böses getan?

FRANZ: Hier ist nicht lang Besinnszeit, dein Schicksal steht in meiner Hand. Willst du dein Leben im tiefsten meiner Türme vollends ausschmachten, wo der Hunger dich zwingen wird, deine eigenen Knochen abzunagen, und der brennende Durst, dein eigenes Wasser wieder zu saufen? – Oder willst du lieber dein Brot essen in Frieden, und Ruhe haben in deinem Alter?

DANIEL: Was, Herr? Fried' und Ruhe im Alter, und ein Totschläger?

FRANZ: Antwort' auf meine Frage!

DANIEL: Meine grauen Haare! meine grauen Haare!

FRANZ: Ja oder nein!

DANIEL: Nein! – Gott erbarme sich meiner!

FRANZ *(im Begriff zu gehen)*: Gut, du sollst's nötig haben. *(Daniel hält ihn auf und fällt vor ihm nieder.)*

DANIEL: Erbarmen, Herr! Erbarmen!

FRANZ: Ja oder nein!

DANIEL: Gnädiger Herr, ich bin heute einundsiebenzig Jahr alt, und hab' Vater und Mutter geehret, und niemand meines Wissens um des Hellers Wert im Leben vervorteilt, und hab' an meinem Glauben gehalten, treu und redlich, und hab' in Eurem Hause gedient vierundvierzig Jahr, und erwarte itzt ein ruhig seliges Ende, ach, Herr, Herr! *(Umfasst seine Knie heftig.)* und Ihr wollt mir den letzten Trost rauben im Sterben, dass der Wurm des Gewissens mich um mein letztes Gebet bringe, dass ich ein Gräuel vor Gott und Menschen schlafen gehen soll? Nein, nein, mein liebster, bester, liebster gnädiger Herr! Das wollt Ihr nicht, das könnt Ihr nicht wollen von einem einundsiebenzigjährigen Manne.

Heller: Münze von geringem Wert

vervorteilt: betrogen

FRANZ: Ja oder nein! was soll das Geplapper?

DANIEL: Ich will Euch von nun an noch eifriger dienen. Will meine dürren Sehnen in Eurem Dienst wie ein Taglöhner abarbeiten, will früher aufstehen, will später mich niederlegen – ach, und will Euch einschließen in mein Abend- und Morgengebet, und Gott wird das Gebet eines alten Mannes nicht wegwerfen.

FRANZ: Gehorsam ist besser, denn Opfer. Hast du je gehört, dass sich der Henker zierte, wenn er ein Urteil vollstrecken sollte?

DANIEL: Ach ja wohl! Aber eine Unschuld erwürgen – einen –

FRANZ: Bin ich dir etwa Rechenschaft schuldig? darf das Beil den Henker fragen, warum dahin und nicht dorthin? – aber sieh, wie langmütig ich bin – ich biete dir eine Belohnung für das, was du mir huldigtest.

DANIEL: Aber ich hoffte, ein Christ bleiben zu dörfen, da ich Euch huldigte.

FRANZ: Keine Widerrede! siehe ich gebe dir einen ganzen Tag noch Bedenkzeit! Überlege es nochmals. Glück und Unglück – hörst du, verstehst du? das höchste Glück, und das äußerste Unglück! Ich will Wunder tun im Peinigen.

DANIEL *(nach einigem Nachdenken)*: Ich will's tun, morgen will ich's tun. *(Ab.)*

FRANZ: Die Versuchung ist stark, und der war wohl nicht zum Märtyrer seines Glaubens geboren – Wohl bekomm's dann, Herr Graf! Allem Ansehen nach werden Sie morgen Abend Ihr Henkermahl halten! – Es kommt alles nur darauf an, wie man davon denkt, und der ist ein Narr, der wider seine Vorteile denkt. Den Vater, der vielleicht eine Bouteille Wein weiter getrunken hat, kommt der Kitzel an – und draus wird ein Mensch, und der Mensch war gewiss das Letzte, woran bei der ganzen Herkulesarbeit gedacht wird. Nun kommt mich eben auch der Kitzel an – und dran krepiert ein Mensch, und gewiss ist hier mehr Verstand und Absichten, als dort bei seinem Entstehen war – Hängt nicht das Dasein der meisten Menschen mehrenteils an der Hitze eines Juliusmittags, oder am anziehenden Anblick eines Betttuchs, oder an der wagrechten Lage einer schlafenden Küchengrazie, oder an einem ausgelöschten Licht? – Ist die Geburt des Menschen das Werk einer viehischen Anwandlung, eines Ungefährs, wer sollte wegen

huldigest: *hier* schuldest

Bouteille: Flasche

Kitzel: *hier* sexuelle Lust

Herkulesarbeit: Schwerstarbeit

Küchengrazie: Küchenmädchen

der Verneinung seiner Geburt sich einkommen lassen, an ein bedeutendes Etwas zu denken? Verflucht sei die Torheit unserer Ammen und Wärterinnen, die unsere Phantasie mit schröcklichen Märchen verderben und grässliche Bilder von Strafgerichten in unser weiches Gehirnmark drücken, dass unwillkürliche Schauder die Glieder des Mannes noch in frostige Angst rütteln, unsere kühnste Entschlossenheit sperren, unsere erwachende Vernunft an Ketten abergläubischer Finsternis legen – Mord! wie eine ganze Hölle von Furien um das Wort flattert – die Natur vergaß einen Mann mehr zu machen – die Nabelschnur ist nicht unterbunden worden – der Vater hat in der Hochzeitnacht glatten Leib bekommen – und die ganze Schattenspielerei ist verschwunden. Es war etwas und wird nichts – Heißt es nicht eben so viel, als: es war nichts und wird nichts und um nichts wird kein Wort mehr gewechselt – der Mensch entstehet aus Morast, und watet eine Weile im Morast, und macht Morast, und gärt wieder zusammen in Morast, bis er zuletzt an den Schuhsohlen seines Urenkels unflätig anklebt. Das ist das Ende vom Lied – der morastige Zirkel der menschlichen Bestimmung, und somit – glückliche Reise, Herr Bruder! Der milzsüchtige, podagrische Moralist von einem Gewissen mag runzlichte Weiber aus Bordellen jagen, und alte Wucherer auf dem Todesbett foltern – bei mir wird er nimmermehr Audienz bekommen! *(Er geht ab.)*

Torheit: Dummheit

Wärterin: Kindermädchen

podagrisch: übel gelaunt

Audienz bekommen: offiziell empfangen werden

Dritte Szene

Andres Zimmer im Schloss.
Räuber Moor von der einen Seite, Daniel von der andern.

MOOR *(hastig)*: Wo ist das Fräulein?

DANIEL: Gnädiger Herr! Erlaubt einem armen Mann, Euch um etwas zu bitten.

MOOR: Es ist dir gewährt, was willst du?

DANIEL: Nicht viel und alles, so wenig und doch so viel – lasst mich Eure Hand küssen!

MOOR: Das sollst du nicht, guter Alter! *(umarmt ihn)* Den ich Vater nennen möchte.

DANIEL: Eure Hand, Eure Hand! ich bitt' Euch.

MOOR: Du sollst nicht.

DANIEL: Ich muss! *(Er greift sie, betrachtet sie schnell und fällt vor ihm nieder.)* Liebster, bester Karl!

MOOR *(erschrickt, fasst sich, fremd)*: Freund, was sagst du? Ich verstehe dich nicht.

DANIEL: Ja, leugnet es nur, verstellt Euch! Schön, schön! Ihr seid immer mein bester, köstlicher Junker – Lieber Gott! dass ich alter Mann noch die Freude – dummer Tölpel ich, dass ich Euch nicht gleich – ei du himmlischer Vater! so seid Ihr ja wiedergekommen, und der alte Herr ist unterm Boden, und da seid Ihr ja wieder – was für ein blinder Esel ich doch war *(sich vor den Kopf schlagend)*, dass ich Euch nicht im ersten Hui – ei du mein! wer hätte sich das träumen lassen! – um was ich mit Tränen betete, – Jesus Christus! Da steht er ja leibhaftig wieder in der alten Stube!

Junker: junger Herr

MOOR: Was ist das für eine Sprache? Seid Ihr vom hitzigen Fieber aufgesprungen, oder wollt Ihr eine Komödienrolle an mir probieren?

DANIEL: Ei pfui doch, pfui doch! Das ist nicht fein, einen alten Knecht so zum Besten haben – Diese Narbe! He, wisst Ihr noch? – Großer Gott! Was Ihr mir da für Angst einjagtet – ich hab' Euch immer so lieb gehabt, und was Ihr mir da für Herzeleid hättet anrichten können – Ihr saßt mir im Schoß – wisst Ihr noch? – dort in der runden Stube – gelt, Vogel? Das habt Ihr freilich vergessen

– auch den Kuckuck, den Ihr so gern hörtet – denkt doch! der Kuckuck ist zerschlagen, in Grundsboden geschlagen – die alte Susel hat ihn verwettert, wie sie die Stube fegte – ja freilich, und da saßt Ihr mir im Schoß und rieft: Hotto! und ich lief fort, Euch den Hottogaul zu holen – Jesus Gott! Warum musst' ich alter Esel auch fortlaufen? – und wie mir's siedigheiß über den Buckel lief – wie ich das Zetergeschrei höre draußen im Öhrn, spring' herein, und da lief das helle Blut, und laget am Boden und hattet – heilige Mutter Gottes! War mir's nicht, als wenn mir eiskalt übern Nacken spritzte – aber so geht's, wenn man nicht alle Augen auf die Kinder hat. Großer Gott, wenn's ins Aug gegangen wäre – war's darzu noch die rechte Hand. Mein Lebenstag, sagt' ich, soll mir kein Kind mehr ein Messer oder eine Schere oder so was Spitziges, sagt' ich, in die Hände kriegen, sagt' ich – war zum Glück noch Herr und Frau verreiset – ja, ja, das soll mir mein Tag des Lebens eine Warnung sein, sagt' ich – Jemini, Jemini! ich hätte vom Dienst kommen können, ich hätte – Gott der Herr verzeih's Euch, gottloses Kind – aber gottlob! es heilte glücklich, bis auf die wüste Narbe.

Kuckuck: Kuckucksuhr

Grundsboden: Grund und Boden

verwettert: zerschmettert

Öhrn: Ern, Hausflur

vom Dienst kommen: entlassen werden

MOOR: Ich begreife kein Wort von allem, was du sagst.

DANIEL: Ja gelt, gelt? das war noch eine Zeit? Wie manches Zuckerbrot, oder Biskuit oder Makrone ich Euch hab' zugeschoben, hab' Euch immer am gernsten gehabt, und wisst Ihr noch, was Ihr mir drunten sagtet im Stall, wie ich Euch auf des alten Herrn seinen Schweißfuchsen setzte, und Euch auf der großen Wiese ließ herumjagen? Daniel, sagtet Ihr, lass mich nur einen großen Mann werden, Daniel, so sollst du mein Verwalter sein und mit mir in der Kutsche fahren – Ja, sagt' ich und lachte, wenn Gott Leben und Gesundheit schenkt, und Ihr Euch eines alten Mannes nicht schämen werdet,

Schweißfuchsen: Pferd (mit rötlichem Fell)

sagt' ich, so will ich Euch bitten, mir das Häuschen drunten im Dorf zu räumen, das schon eine gute Weil leer steht, und da wollt' ich mir ein Eimer zwanzig Wein einlegen, und wirtschaften in meinen alten Tagen. – Ja, lacht nur, lacht nur! Gelt junger Herr, das habt Ihr rein ausgeschwitzt? – den alten Mann will man nicht kennen, da tut man so fremd, so fürnehm – o Ihr seid doch mein goldiger Junker – freilich halt ein bisschen lucker gewesen – nehmt mir's nicht übel! – Wie's eben das junge Fleisch meistens ist – am Ende kann noch alles gut werden.

rein ausgeschwitzt: glatt vergessen

lucker: locker

MOOR *(fällt ihm um den Hals)*: Ja! Daniel, ich will's nicht mehr verhehlen! Ich bin dein Karl, dein verlorner Karl! Was macht meine Amalia?

DANIEL *(fängt an zu weinen)*: Dass ich alter Sünder noch die Freude haben soll, – und der Herr selig weinete umsonst! – Abe, abe, weißer Schädel! mürbe Knochen, fahret in die Grube mit Freuden! Mein Herr und Meister lebt, ihn haben meine Augen gesehen!

abe: hinab

MOOR: Und will halten, was er versprochen hat, – nimm das, ehrlicher Graukopf, für den Schweißfuchsen im Stall *(drängt ihm einen schweren Beutel auf)*, nicht vergessen hab' ich den alten Mann.

DANIEL: Wie? was treibt Ihr? Zu viel! Ihr habt Euch vergriffen.

MOOR: Nicht vergriffen, Daniel! *(Daniel will niederfallen.)* Steh auf, sage mir, was macht meine Amalia?

DANIEL: Gottes Lohn! Gottes Lohn! Ei Herr Jerem! – Eure Amalia, oh die wird's nicht überleben, die wird sterben vor Freude!

Ei Herr Jerem: Ach Herr Jesus! (Klageruf)

MOOR *(heftig)*: Sie vergaß mich nicht?

DANIEL: Vergessen? Wie schwätzt Ihr wieder? Euch vergessen? – da hättet Ihr sollen dabei sein, hättet's sollen mit ansehen, wie sie sich gebärdete, als die Zeitung kam, Ihr wärt gestorben, die der gnädige Herr ausstreuen ließ –

MOOR: Was sagst du? Mein Bruder –

DANIEL: Ja, Euer Bruder, der gnädige Herr, Euer Bruder – ich will Euch ein andermal mehr davon erzählen, wenn's Zeit dazu ist – und wie sauber sie ihm abkappte, wenn er ihr alle Tage, die Gott schickt, seinen Antrag machte, und sie zur gnädigen Frau machen wollte. O ich muss hin, muss hin, ihr sagen, ihr die Botschaft bringen. *(Will fort.)*

abkappte: das Wort abschnitt

MOOR: Halt, halt! Sie darf's nicht wissen, darf's niemand wissen, auch mein Bruder nicht. –

DANIEL: Euer Bruder? Nein beileibe nicht, er darf's nicht wissen! Er gar nicht! – Wenn er nicht schon mehr weiß, als er wissen darf – Oh ich sage Euch, es gibt garstige Menschen, garstige Brüder, garstige Herren – aber ich möcht' um alles Gold meines Herrn willen kein garstiger Knecht sein – Der gnädige Herr hielt Euch tot.

MOOR: Hum! Was brummst du da?

DANIEL *(leiser)*: Und wenn man freilich so ungebeten aufersteht – Euer Bruder war des Herrn selig einziger Erbe –

MOOR: Alter! – Was murmelst du da zwischen den Zähnen, als wenn irgendein Ungeheuer von Geheimnis auf deiner Zunge schwebte, das nicht heraus wollte, und doch heraus sollte, rede deutlicher!

DANIEL: Aber ich will lieber meine alten Knochen abnagen vor Hunger, lieber vor Durst mein eigenes Wasser saufen, als Wohlleben die Fülle verdienen mit einem Totschlag. *(Schnell ab.)*

MOOR *(auffahrend aus schröcklichem Pausen)*: Betrogen, betrogen! da fährt es über meine Seele wie der Blitz! – Spitzbübische Künste! Himmel und Hölle! nicht du, Vater! Spitzbübische Künste! Mörder, Räuber durch spitzbübische Künste! Angeschwärzt von ihm! verfälscht, unterdrückt meine Briefe – voll Liebe sein Herz – oh ich Ungeheuer von einem Toren – voll Liebe sein Vaterherz – oh Schelmerei, Schelmerei! Es hätte mich einen Fußfall gekostet, es hätte mich eine Träne gekostet – oh ich blöder, blöder, blöder Tor! *(Wider die Wand rennend)* Ich hätte glücklich sein können – oh Büberei, Büberei! das Glück meines Lebens bübisch, bübisch hinwegbetrogen. *(Er läuft wütend auf und nieder.)* Mörder, Räuber durch spitzbübische Künste! – Er grollte nicht einmal. Nicht ein Gedanke von Fluch in seinem Herzen – oh Bösewicht! unbegreiflicher, schleichender, abscheulicher Bösewicht!

Kosinski kommt.

KOSINSKI: Nun, Hauptmann, wo stickst du? Was ist's? Du willst noch länger hier bleiben, merk' ich. stickst: steckst

MOOR: Auf! Sattle die Pferde! Wir müssen vor Sonnenuntergang noch über den Grenzen sein!

KOSINSKI: Du spaßest.

MOOR *(befehlend)*: Hurtig, hurtig! Zaudre nicht lang, lass alles da! und dass kein Aug dich gewahr wird. *(Kosinski ab.)*

MOOR: Ich fliehe aus diesen Mauren. Der geringste Verzug könnte mich wütig machen, und er ist meines Vaters Sohn – Bruder, Bruder! Du hast mich zum Elendesten auf Erden gemacht, ich habe dich niemals beleidigt, es war nicht brüderlich gehandelt – Ernte die Früchte deiner Untat in Ruhe, meine Gegenwart soll dir den Genuss nicht länger vergällen – aber gewiss, es war nicht brüderlich gehandelt. Finsternis verlösche sie auf ewig, und der Tod rühre sie nicht auf! Mauren: Mauern

Kosinski.

KOSINSKI: Die Pferde stehn gesattelt, Ihr könnt aufsitzen, wenn Ihr wollt.

MOOR: Presser, Presser! Warum so eilig? Soll ich sie nicht mehr sehn?

Presser: Mahner

KOSINSKI: Ich zäume gleich wieder ab, wenn Ihr's haben wollt; Ihr hießt mich ja über Hals und Kopf eilen.

MOOR: Noch einmal! ein Lebewohl noch! ich muss den Gifttrank dieser Seligkeit vollends ausschlürfen, und dann – halt Kosinski! zehn Minuten noch – hinten am Schlosshof – und wir sprengen davon!

Vierte Szene

Im Garten.

AMALIA: Du weinst, Amalia? – und das sprach er mit einer Stimme! mit einer Stimme – mir war's, als ob die Natur sich verjüngete – die genossenen Lenze der Liebe dämmerten auf mit der Stimme! Die Nachtigall schlug wie damals – die Blumen hauchten wie damals – und ich lag wonneberauscht an seinem Hals – Ha falsches, treuloses Herz! Wie du deinen Meineid beschönigen willst! Nein, nein, weg aus meiner Seele, du Frevelbild – ich hab' meinen Eid nicht gebrochen, du Einziger! Weg aus meiner Seele, ihr verräterischen, gottlosen Wünsche! im Herzen, wo Karl herrscht, darf kein Erdensohn nisten. – Aber warum meine Seele, so immer, so wider Willen nach diesem Fremdling? Hängt er sich nicht so hart an das Bild meines Einzigen? Ist er nicht der ewige Begleiter meines Einzigen? Du weinst, Amalia? – Ha ich will ihn fliehen! – fliehen! – Nimmer sehen soll mein Aug diesen Fremdling!

hauchten: rochen

Räuber Moor öffnet die Gartentüre.

AMALIA *(fährt zusammen)*: Horch! horch! Rauschte die Türe nicht? *(Sie wird Karln gewahr und springt auf.)* Er – wohin? – was? – da hat mich's angewurzelt, dass ich nicht fliehen kann – verlass mich nicht, Gott im Himmel! – Nein, du sollst mir meinen Karl nicht entreißen! Meine Seele hat nicht Raum für zwei Gottheiten, und ich bin ein sterbliches Mädchen! *(Sie nimmt Karls Bild heraus.)* Du, mein Karl, sei mein Genius wider diesen Fremdling, den Liebestörer! dich, dich ansehen, unverwandt, – und weg alle gottlosen Blicke nach diesem. *(Sie sitzt stumm – das Auge starr auf das Bild geheftet.)*

Genius: *hier* Schutzgeist

MOOR: Sie da, gnädiges Fräulein? – und traurig? – und eine Träne auf diesem Gemälde? *(Amalia gibt ihm keine Antwort.)* – Und wer ist der Glückliche, um den sich das Aug eines Engels versilbert? darf auch ich diesen Verherrlichten – *(Er will das Gemälde betrachten.)*

versilbert: mit Tränen füllt

AMALIA: Nein, ja, nein!

MOOR *(zurückfahrend)*: Ha! – und verdient er diese Vergötterung? Verdient er? –

AMALIA: Wenn Sie ihn gekannt hätten!

MOOR: Ich würd' ihn beneidet haben.

AMALIA: Angebetet, wollen Sie sagen.

MOOR: Ha!

AMALIA: Oh Sie hätten ihn so lieb gehabt – es war so viel, so viel in seinem Angesicht – in seinen Augen – im Ton seiner Stimme, das Ihnen so gleich kommt – das ich so liebe –

(Moor sieht zur Erde.)

AMALIA: Hier, wo Sie stehen, stand er tausendmal – und neben ihm die, die neben ihm Himmel und Erde vergaß – hier durchirrte sein Aug die um ihn prangende Gegend – sie schien den großen belohnenden Blick zu empfinden, und sich unter dem Wohlgefallen ihres Meisterbildes zu verschönern – hier hielt er mit himm-

prangend: blühend

lischer Musik die Hörer der Lüfte gefangen – hier an diesem Busch pflückte er Rosen, und pflückte die Rosen für mich – hier, hier lag er an meinem Halse, brannte sein Mund auf dem meinen, und die Blumen starben gern unter der Liebenden Fußtritt –

MOOR: Er ist nicht mehr?

AMALIA: Er segelt auf ungestümen Meeren – Amalias Liebe segelt mit ihm – er wandelt durch ungebahnte sandigte Wüsten – Amalias Liebe macht den brennenden Sand unter ihm grünen, und die wilden Gesträuche blühen – der Mittag sengt sein entblößtes Haupt, nordischer Schnee schrumpft seine Sohlen zusammen, stürmischer Hagel regnet um seine Schläfe, und Amalias Liebe wiegt ihn in Stürmen ein – Meere und Berge und Horizonte zwischen den Liebenden – aber die Seelen versetzen sich aus dem staubigten Kerker und treffen sich im Paradiese der Liebe – Sie scheinen traurig, Herr Graf?

MOOR: Die Worte der Liebe machen auch meine Liebe lebendig.

AMALIA *(blass)*: Was? Sie lieben eine andre? – Weh mir, was hab' ich gesagt?

MOOR: Sie glaubte mich tot, und blieb treu dem Totgeglaubten – sie hörte wieder, ich lebe, und opferte mir die Krone einer Heiligen auf. Sie weiß mich in Wüsten irren, und im Elend herumschwärmen, und ihre Liebe fliegt durch Wüsten und Elend mir nach. Auch heißt sie Amalia wie Sie, gnädiges Fräulein.

opferte […] Heiligen: opferte sich mir wie eine Heilige

AMALIA: Wie beneid' ich Ihre Amalia!

MOOR: Oh sie ist ein unglückliches Mädchen! ihre Liebe ist für einen, der verloren ist, und wird – ewig niemals belohnt.

AMALIA: Nein, sie wird im Himmel belohnt. Sagt man nicht, es gebe eine bessere Welt, wo die Traurigen sich freuen, und die Liebenden sich wieder erkennen?

MOOR: Ja, eine Welt, wo die Schleier hinwegfallen und die Liebe sich schröcklich wiederfindet – Ewigkeit heißt ihr Name – meine Amalia ist ein unglückliches Mädchen.

AMALIA: Unglücklich, und Sie lieben?

MOOR: Unglücklich, weil sie mich liebt! wie, wenn ich ein Totschläger wäre? Wie, mein Fräulein? wenn Ihr Geliebter Ihnen für jeden Kuss einen Mord aufzählen könnte? Wehe meiner Amalia! Sie ist ein unglückliches Mädchen.

AMALIA *(froh aufhüpfend)*: Ha, wie bin ich ein glückliches Mädchen! Mein Einziger ist Nachstrahl der Gottheit, und die Gottheit ist Huld und Erbarmen! Nicht eine Fliege konnt' er leiden sehen – Seine Seele ist so fern von einem blutigen Gedanken, als fern der Mittag von der Mitternacht ist.

Nachstrahl: strahlendes Abbild

(Moor kehrt sich schnell ab in ein Gebüsch, blickt starr in die Gegend.)

AMALIA *(singt und spielt auf der Laute)*:

Willst mich, Hektor, ewig mir entreißen,
Wo des Äaciden mordend Eisen
Dem Patroklus schrecklich Opfer bringt?
Wer wird künftig deinen Kleinen lehren,
Speere werfen und die Götter ehren,
Wenn hinunter dich der Xanthus schlingt?

MOOR *(nimmt die Laute stillschweigend und spielt)*:

Teures Weib, geh, hol die Todeslanze! –
Lass – mich fort – zum wilden Kriegestanze –

(Er wirft die Laute weg und flieht davon.)

Fünfte Szene

Nahgelegener Wald. Nacht. Ein altes verfallenes Schloss in der Mitte.
Die Räuberbande gelagert auf der Erde.

DIE RÄUBER *(singen)*:

Stehlen, morden, huren, balgen
Heißt bei uns nur die Zeit zerstreun.
Morgen hangen wir am Galgen,
Drum lasst uns heute lustig sein.

Ein freies Leben führen wir,
Ein Leben voller Wonne.
Der Wald ist unser Nachtquartier,
Bei Sturm und Wind hantieren wir,
Der Mond ist unsre Sonne,
Mercurius ist unser Mann,
Der's Praktizieren trefflich kann.

Heut laden wir bei Pfaffen uns ein,
Bei masten Pächtern morgen,
Was drüber ist, da lassen wir fein
Den lieben Herrgott sorgen.

Und haben wir im Traubensaft
Die Gurgel ausgebadet,
So machen wir uns Mut und Kraft,
Und mit dem Schwarzen Brüderschaft,
Der in der Hölle bratet.

Das Wehgeheul geschlagner Väter,
Der bangen Mütter Klaggezeter,
Das Winseln der verlassnen Braut
Ist Schmaus für unsre Trommelhaut!

Mercurius: Merkur, Gott der Diebe

Praktizieren: *hier* Stehlen

masten: fetten

Schwarzer: Teufel

Ha! wenn sie euch unter dem Beile so zucken,
Ausbrüllen wie Kälber, umfallen wie Mucken,
Das kitzelt unsern Augenstern,
Das schmeichelt unsern Ohren gern.

Und wenn mein Stündlein kommen nun,
Der Henker soll es holen,
So haben wir halt unsern Lohn,
Und schmieren unsre Sohlen.
Ein Schlückchen auf den Weg vom heißen Traubensohn,
Und hurra rax dax! geht's, als flögen wir davon.

SCHWEIZER: Es wird Nacht, und der Hauptmann noch nicht da!

RAZMANN: Und versprach doch, Schlag acht Uhr wieder bei uns einzutreffen.

SCHWEIZER: Wenn ihm Leides geschehen wäre – Kameraden! wir zünden an und morden den Säugling.

SPIEGELBERG *(nimmt Razmann beiseite)*: Auf ein Wort Razmann.

SCHWARZ *(zu Grimm)*: Wollen wir nicht Spionen ausstellen?

GRIMM: Lass du ihn! Er wird einen Fang tun, dass wir uns schämen müssen.

SCHWEIZER: Da brennst du dich, beim Henker! Er ging nicht von uns wie einer, der einen Schelmenstreich im Schild führt. Hast du vergessen, was er gesagt hat, als er uns über die Heide führte? – »Wer nur eine Rube vom Acker stiehlt, dass ich's erfahre, lässt seinen Kopf hier, so wahr ich Moor heiße.« – Wir dörfen nicht rauben.

RAZMANN *(leise zu Spiegelberg)*: Wo will das hinaus – rede deutscher!

Mucken: Mücken

heißer Traubensohn: Branntwein

rax dax: schnell

brennst: irrst

Rube: Rübe

deutscher: *hier* deutlicher

SPIEGELBERG: Pst! Pst! – Ich weiß nicht, was du oder ich für Begriffe von Freiheit haben, dass wir an einem Karrn ziehen wie Stiere, und dabei wunderviel von Independenz deklamieren – Es gefällt mir nicht.

SCHWEIZER *(zu Grimm)*: Was wohl dieser Windkopf hier an der Kunkel hat?

RAZMANN *(leise zu Spiegelberg)*: Du sprichst vom Hauptmann? –

SPIEGELBERG: Pst doch! Pst! – Er hat so seine Ohren unter uns herumlaufen. – Hauptmann, sagst du? wer hat ihn zum Hauptmann über uns gesetzt, oder hat er nicht diesen Titel usurpiert, der von Rechts wegen mein ist? – Wie? legen wir darum unser Leben auf Würfel – baden darum alle Milzsuchten des Schicksals aus, dass wir am End noch von Glück sagen, die Leibeigenen eines Sklaven zu sein? – Leibeigene da wir Fürsten sein könnten? – Bei Gott, Razmann – das hat mir niemals gefallen.

SCHWEIZER *(zu den andern)*: Ja – du bist mir der rechte Held, Frösche mit Steinen breit zu schmeißen – Schon der Klang seiner Nase, wenn er sich schneuzte, könnte dich durch ein Nadelöhr jagen –

SPIEGELBERG *(zu Razmann)*: Ja – und Jahre schon dicht' ich darauf: Es soll anders werden. Razmann – wenn du bist, wofür ich dich immer hielt – Razmann. – Man vermisst ihn – gibt ihn halb verloren – Razmann – mich deucht, seine schwarze Stunde schlägt – wie? Nicht einmal röter wirst du, da dir die Glocke zur Freiheit läutet? Hast nicht einmal so viel Mut, einen kühnen Wink zu verstehen?

RAZMANN: Ha, Satan! worin verstrickst du meine Seele?

SPIEGELBERG: Hat's gefangen? – Gut! so folge. Ich hab' mir's gemerkt, wo er hinschlich – Komm! Zwei Pistolen

Independenz: Unabhängigkeit

an der Kunkel hat: vorhat

usurpieren: gewaltsam an sich reißen

legen [...] Würfel: machen wir unser Leben zum Glücksspiel

ausbaden: Konsequenzen tragen

fehlen selten, und dann – so sind wir die erste, die den Säugling erdrosseln. *(Er will ihn fortreißen.)*

SCHWEIZER *(zieht wütend sein Messer)*: Ha, Bestie! Eben recht erinnerst du mich an die böhmischen Wälder! Warst du nicht die Memme, die anhub zu schnadern, als sie riefen: D e r F e i n d k o m m t? Ich hab' damals bei meiner Seele geflucht – fahr hin Meuchelmörder! *(Er sticht ihn tot.)*

schnadern: vor Angst zittern

RÄUBER *(in Bewegung)*: Mordjo! Mordjo! – Schweizer – Spiegelberg – Reißt sie auseinander –

SCHWEIZER *(wirft das Messer über ihn)*: Da! – und so krepier du – Ruhig, Kameraden – lasst euch den Bettel nicht unterbrechen, – Die Bestie ist dem Hauptmann immer giftig gewesen, und hat keine Narbe auf ihrer ganzen Haut. – Noch einmal, gebt euch zufrieden – ha! über den Racker – von hinten her will er Männer zu Schanden schmeißen? Männer von hinten her! – Ist uns darum der helle Schweiß über die Backen gelaufen, dass wir aus der Welt schleichen wie Hundsfötter? Bestie du! Haben wir uns darum unter Feuer und Rauch gebettet, dass wir zuletzt wie Ratten verrecken?

Bettel: Runde im Kartenspiel

Hundsfott: Dreckskerl

GRIMM: Aber zum Teufel – Kamerad – was hattet ihr mit einander? – Der Hauptmann wird rasend werden.

SCHWEIZER: Dafür lass mich sorgen. – Und du Heilloser *(zu Razmann)* du warst sein Helfershelfer, du! – Pack dich aus meinen Augen – der Schufterle hat's auch so gemacht, aber dafür hängt er jetzt auch in der Schweiz, wie's ihm mein Hauptmann prophezeit hat – *(Man schießt.)*

SCHWARZ *(aufspringend)*: Horch, ein Pistolenschuss! *(Man schießt wieder.)* Noch einer! Holla! der Hauptmann!

GRIMM: Nur Geduld! Er muss zum dritten Mal schießen! *(Man hört noch einen Schuss.)*

SCHWARZ: Er ist's! – ist's! – Salvier dich, Schweizer – Lass uns ihm antworten! *(Sie schießen.)*

salvieren: retten

Moor, Kosinski treten auf.

SCHWEIZER *(ihnen entgegen)*: Sei willkommen, mein Hauptmann – Ich bin ein bisschen vorlaut gewesen seit du weg bist. *(Er führt ihn an die Leiche.)* Sei du Richter zwischen mir und diesem – von hinten hat er dich ermorden wollen.

RÄUBER *(mit Bestürzung)*: Was? den Hauptmann?

MOOR *(in den Anblick versunken, bricht heftig aus)*: O unbegreiflicher Finger der rachekundigen Nemesis! – War's nicht dieser, der mir das Sirenenlied trillerte? – Weihe dieses Messer der dunklen Vergelterin! – das hast du nicht getan, Schweizer.

Nemesis: Rachegöttin

Sirenenlied: Locklied

SCHWEIZER: Bei Gott! ich hab's wahrlich getan, und es ist beim Teufel nicht das Schlechtste, was ich in meinem Leben getan habe. *(Geht unwillig ab.)*

MOOR *(nachdenkend)*: Ich verstehe – Lenker im Himmel – ich verstehe – die Blätter fallen von den Bäumen – und mein Herbst ist kommen – Schafft mir diesen aus den Augen. *(Spiegelbergs Leiche wird hinweggetragen.)*

GRIMM: Gib uns Ordre, Hauptmann – was sollen wir weiter tun?

MOOR: Bald – bald ist alles erfüllet. – Gebt mir meine Laute – Ich habe mich selbst verloren, seit ich dort war – meine Laute, sag' ich – ich muss mich zurücklullen in meine Kraft – verlasst mich!

RÄUBER: Es ist Mitternacht, Hauptmann.

MOOR: Doch waren's nur die Tränen im Schauspielhaus – den Römergesang muss ich hören, dass mein schlafender Genius wieder aufwacht – Meine Laute her – Mitternacht sagt ihr?

Tränen im Schauspielhaus: keine echten Gefühle

SCHWARZ: Wohl bald vorüber. Wie Blei liegt der Schlaf in uns. Seit drei Tagen kein Auge zu.

MOOR: Sinkt denn der balsamische Schlaf auch auf die Augen der Schelmen? Warum fliehet er mich? Ich bin nie ein Feiger gewesen oder ein schlechter Kerl – Legt euch schlafen – morgen am Tag gehen wir weiter.

RÄUBER: Gute Nacht, Hauptmann. *(Sie lagern sich auf der Erde und schlafen ein.)*

Tiefe Stille.

MOOR *(nimmt die Laute und spielt)*:

Brutus.
Sei willkommen, friedliches Gefilde!
Nimm den letzten aller Römer auf,
Von Philippi, wo die Mordschlacht brüllte,
Schleicht mein gramgebeugter Lauf.
Cassius, wo bist du? – Rom verloren!
Hingewürgt mein brüderliches Heer,
Meine Zuflucht zu des Todes Toren!
Keine Welt für Brutus mehr.
Cäsar.
Wer, mit Schritten eines Nichtbesiegten,
Wandert dort vom Felsenhang? –
Ha! wenn meine Augen mir nicht lügten?
Das ist eines Römers Gang. –
Tibersohn – von wannen deine Reise?
Dauert noch die Siebenhügelstadt?
Oft geweinet hab' ich um die Waise,
Dass sie nimmer einen Cäsar hat.
Brutus.
Ha, du mit der dreiundzwanzigfachen Wunde!
Wer rief, Toter, dich ans Licht?
Schaudre rückwärts, zu des Orkus Schlunde,
Stolzer Weiner! – Triumphiere nicht!
Auf Philippis eisernem Altare

Raucht der Freiheit letztes Opferblut;
Rom verröchelt über Brutus' Bahre,
Brutus geht zu Minos – Kreuch in deine Flut!
Cäsar.
O ein Todesstoß von Brutus' Schwerte!
Auch du – Brutus – du?
Sohn – es war dein Vater – Sohn – die Erde
Wär' gefallen dir als Erbe zu,
Geh – du bist der größte Römer worden,
Da in Vaters Brust dein Eisen drang,
Geh – und heul' es bis zu jenen Pforten:
Brutus ist der größte Römer worden.
Da in Vaters Brust sein Eisen drang;
Geh – du weißt's nun, was an Lethes Strande
Mich noch bannte –
Schwarzer Schiffer stoß vom Lande!
Brutus.
Vater halt! – Im ganzen Sonnenreiche
Hab' ich einen nur gekannt,
Der dem großen Cäsar gleiche,
Diesen einen hast Du Sohn genannt.
Nur ein Cäsar mochte Rom verderben
Nur nicht Brutus mochte Cäsar stehn.
Wo ein Brutus lebt, muss Cäsar sterben.
Geh du linkwärts, lass mich rechtwärts gehn.

(Er legt die Laute hin, geht tiefdenkend auf und nieder.)

Wer mir Bürge wäre? – – es ist alles so finster – verworrene Labyrinthe – kein Ausgang – kein leitendes Gestirn – Wenn's aus wäre mit diesem letzten Odemzug – Aus wie ein schales Marionettenspiel – Aber wofür der heiße Hunger nach Glückseligkeit? Wofür das Ideal einer unerreichten Vollkommenheit? Das Hinausschieben unvollendeter Plane? – wenn der arm-

Wer mir Bürge wäre?: Wer steht für mich ein?

Odem: Atem

selige Druck dieses armseligen Dings *(die Pistole vors Gesicht haltend)* den Weisen dem Toren – den Feigen dem Tapfern – den Edlen dem Schelmen gleichmacht? – Es ist doch eine so göttliche Harmonie in der seelenlosen Natur, warum sollte dieser Missklang in der vernünftigen sein? – Nein! Nein! es ist etwas mehr, denn ich bin noch nicht glücklich gewesen.

Glaubt ihr, ich werde zittern? Geister meiner Erwürgten! ich werde nicht zittern. *(Heftig zitternd.)* – Euer banges Sterbegewinsel – euer schwarzgewürgtes Gesicht – eure fürchterlich klaffenden Wunden sind ja nur Glieder einer unzerbrechlichen Kette des Schicksals, und hängen zuletzt an meinen Feierabenden, an den Launen meiner Ammen und Hofmeister, am Temperament meines Vaters, am Blut meiner Mutter – *(Von Schauer geschüttelt.)* Warum hat mein Perillus einen Ochsen aus mir gemacht, dass die Menschheit in meinem glühenden Bauche bratet?

Feierabend: *hier* Tag meines Selbstmords

Perillus: *griech. Mythologie* Perillus schmiedete eine Statue in Form eines Ochsen, in dem Gefangene festgehalten wurden.

(Er setzt die Pistole an.) Zeit und Ewigkeit – gekettet aneinander durch ein einzig Moment! – Grauser Schlüssel, der das Gefängnis des Lebens hinter mir schließt, und vor mir aufriegelt die Behausung der ewigen Nacht – sage mir – o sage mir – wohin – wohin wirst du mich führen? – Fremdes, nie umsegeltes Land! – Siehe, die Menschheit erschlappt unter diesem Bilde, die Spannkraft des Endlichen lässt nach, und die Phantasei, der mutwillige Affe der Sinne, gaukelt unserer Leichtgläubigkeit seltsame Schatten vor – Nein! Nein! Ein Mann muss nicht straucheln – Sei, wie du willst, namenloses Jenseits – bleibt mir nur dieses mein Selbst getreu – Sei wie du will[s]t, wenn ich nur mich selbst mit hinübernehme. – Außendinge sind nur der Anstrich des Manns – Ich bin mein Himmel und meine Hölle.

Wenn du mir irgendeinen eingeäscherten Weltkreis allein ließest, den du aus deinen Augen verbannt hast, wo die einsame Nacht und die ewige Wüste meine Aussichten sind? – Ich würde dann die schweigende Öde mit meinen Phantasien bevölkern, und hätte die Ewigkeit zur Muße, das verworrene Bild des allgemeinen Elends zu zergliedern. – Oder willst du mich durch immer neue Geburten und immer neue Schauplätze des Elends von Stufe zu Stufe – zur Vernichtung – führen? Kann ich nicht die Lebensfäden, die mir jenseits gewoben sind, so leicht zerreißen wie diesen? – Du kannst mich zu nichts machen – Diese Freiheit kannst du mir nicht nehmen. *(Er lädt die Pistole. Plötzlich hält er inne.)* Und soll ich für Furcht eines qualvollen Lebens sterben? – Soll ich dem Elend den Sieg über mich einräumen? – Nein! ich will's dulden! *(Er wirft die Pistole weg.)* Die Qual erlahme an meinem Stolz! Ich will's vollenden. *(Es wird immer finsterer.)*

für: vor

(Hermann, der durch den Wald kommt.)

HERMANN: Horch! horch! grausig heulet der Kauz – zwölf schlägt's drüben im Dorf – wohl, wohl – das Bubenstück schläft – in dieser Wilde kein Lauscher. *(Tritt an das Schloss und pocht.)* Komm herauf, Jammermann, Turmbewohner! – Deine Mahlzeit ist bereitet.

Das Bubenstück schläft: Mein Verbrechen ist verborgen.

Wilde: Wildnis

MOOR *(sachte zurücktretend)*: Was soll das bedeuten?

EINE STIMME *(aus dem Schloss)*: Wer pocht da? He? Bist du's, Hermann mein Rabe?

HERMANN: Bin's Hermann dein Rabe. Steig herauf ans Gitter und iss. *(Eulen schreien.)* Fürchterlich trillern deine Schlafkameraden, Alter – dir schmeckt?

DIE STIMME: Hungerte mich sehr. Habe Dank, Rabensender fürs Brot in der Wüste! – Und wie geht's meinem lieben Kind, Hermann?

Rabe: Anspielung auf die Bibel, 1 Könige 17, 4–6: »[…] ich habe den Raben geboten, dass sie dich daselbst sollen versorgen«

HERMANN: Stille – Horch – Geräusche wie von Schnarchenden! Hörst du nicht was?

STIMME: Wie? Hörst du etwas?

HERMANN: Den seufzenden Windlaut durch die Ritzen des Turms – eine Nachtmusik, davon einem die Zähne klappern, und die Nägel blau werden – Horch, noch einmal – Immer ist mir, als hört' ich ein Schnarchen. – Du hast Gesellschaft, Alter – Hu hu hu!

STIMME: Siehst du etwas?

HERMANN: Leb wohl – leb wohl – Grausig ist diese Stätte – Steig ab ins Loch – droben dein Helfer, dein Rächer. – Verfluchter Sohn! *(Will fliehen.)*

MOOR *(mit Entsetzen hervortretend)*: Steh!

HERMANN *(schreiend)*: Oh mir!

MOOR: Steh, sag' ich!

HERMANN: Weh! weh! weh! Nun ist alles verraten!

MOOR: Steh! Rede! Wer bist du? was hast du hier zu tun? Rede!

HERMANN: Erbarmen o Erbarmen, gestrenger Herr – Nur ein Wort höret an, eh Ihr mich umbringt.

MOOR *(indem er den Degen zieht)*: Was werd' ich hören?

HERMANN: Wohl habt Ihr mir's beim Leben verboten – ich konnt' nicht anders – durft' nicht anders – im Himmel ein Gott – Euer leiblicher Vater dort – mich jammerte sein – Stecht mich nieder!

MOOR: Hier steckt ein Geheimnis – heraus! Sprich! Ich will alles wissen.

DIE STIMME *(aus dem Schloss)*: Weh! Weh! Bist du's, Hermann, der da redet? Mit wem redst du, Hermann?

MOOR: Drunten noch jemand – Was geht hier vor? *(Läuft dem Turme zu.)* Ist's ein Gefangener, den die Menschen abschüttelten – Ich will seine Ketten lösen. – Stimme! noch einmal! Wo ist die Türe?

HERMANN: O, habt Barmherzigkeit, Herr – dringt nicht weiter, Herr – geht aus Erbarmen vorüber. *(Verrennt ihm den Weg.)*

MOOR: Vierfach geschlossen! – Weg da – Es muss heraus – Itzt zum ersten Mal komm mir zu Hülfe, Dieberei! *(Er nimmt Brechinstrumente und öffnet das Gittertor. Aus dem Grunde steigt ein Alter, ausgemergelt wie ein Gerippe.)*

DER ALTE: Erbarmen einem Elenden! Erbarmen!

MOOR *(springt erschrocken zurück)*: Das ist meines Vaters Stimme!

DER ALTE MOOR: Habe Dank, o Gott! Erschienen ist die Stunde der Erlösung.

MOOR: Geist des alten Moors! Was hat dich beunruhigt in deinem Grab? Hast du eine Sünde in jene Welt geschleppt, die dir den Eingang in die Pforten des Paradieses verrammelt? Ich will Messen lesen lassen, den irrenden Geist in seine Heimat zu senden. Hast du das Gold der Witwen und Waisen unter die Erde vergraben, das dich zu dieser mitternächtlichen Stunde heulend herumtreibt? Ich will den unterirdischen Schatz aus den Klauen des Zauberdrachen reißen, und wenn er tausend rote Flammen auf mich speit, und seine spitzen Zähne gegen meinen Degen bleckt, oder kommst du, auf meine Fragen die Rätsel der Ewigkeit zu entfalten? Rede, rede! ich bin der Mann der bleichen Furcht nicht.

DER ALTE MOOR: Ich bin kein Geist. Taste mich an, ich lebe, oh ein elendes erbärmliches Leben!

MOOR: Was? Du bist nicht begraben worden?

DER ALTE MOOR: Ich bin begraben worden – das heißt: ein toter Hund liegt in meiner Väter Gruft; und ich – drei volle Monde schmacht' ich schon in diesem finstern unterirdischen Gewölbe, von keinem Strahle beschienen, von keinem warmen Lüftchen angeweht, von keinem

Monde: Monate

Freunde besucht, wo wilde Raben krächzen, und mitternächtliche Uhus heulen –

MOOR: Himmel und Erde! Wer hat das getan?

DER ALTE MOOR: Verfluch' ihn nicht! – Das hat mein Sohn Franz getan.

MOOR: Franz? Franz? Oh ewiges Chaos!

DER ALTE MOOR: Wenn du ein Mensch bist und ein menschliches Herz hast, Erlöser, den ich nicht kenne, o so höre den Jammer eines Vaters, den ihm seine Söhne bereitet haben – drei Monden schon hab' ich's tauben Felsenwänden zugewinselt, aber ein hohler Widerhall äffte meine Klagen nur nach. Darum, wenn du ein Mensch bist, und ein menschliches Herz hast –

MOOR: Diese Aufforderung könnte die wilden Bestien aus ihren Löchern hervorrufen!

DER ALTE MOOR: Ich lag eben auf dem Siechbett, hatte kaum angefangen, aus einer schweren Krankheit etwas Kräfte zu sammeln, so führte man einen Mann zu mir, der vorgab, mein Erstgeborener sei gestorben in der Schlacht, und mit sich brachte ein Schwert, gefärbt mit seinem Blut, und sein letztes Lebewohl, und dass ihn mein Fluch gejagt hätte in Kampf und Tod und Verzweiflung.

Siechbett: Krankenbett

MOOR *(heftig von ihm abgewandt)*: Es ist offenbar!

DER ALTE MOOR: Höre weiter! Ich ward unmächtig bei der Botschaft. Man muss mich für tot gehalten haben, denn als ich wieder zu mir selber kam, lag ich schon in der Bahre, und ins Leichentuch gewickelt wie ein Toter. Ich kratzte an dem Deckel der Bahre. Er ward aufgetan. Es war finstere Nacht, mein Sohn Franz stand vor mir, – Was? rief er mit entsetzlicher Stimme, willst du denn ewig leben? – und gleich flog der Sargdeckel wieder zu. Der Donner dieser Worte hatte mich meiner Sinne beraubt, als ich wieder erwachte, fühlt' ich den Sarg erho-

unmächtig: ohnmächtig

Bahre: *hier* Sarg

ben und fortgeführt in einem Wagen eine halbe Stunde lang. Endlich ward er geöffnet – ich stand am Eingang dieses Gewölbes, mein Sohn vor mir, und der Mann, der mir das blutige Schwert von Karln gebracht hatte – zehnmal umfasst' ich seine Knie, und bat und flehte, und umfasste sie und beschwur – das Flehen seines Vaters reichte nicht an sein Herz – Hinab mit dem Balg! donnerte es von seinem Munde, er hat genug gelebt, und hinab ward ich gestoßen ohn' Erbarmen, und mein Sohn Franz schloss hinter mir zu.

MOOR: Es ist nicht möglich, nicht möglich! Ihr müsst Euch geirrt haben.

DER ALTE MOOR: Ich kann nicht geirrt haben. Höre weiter, aber zürne doch nicht! So lag ich zwanzig Stunden, und kein Mensch gedachte meiner Not. Auch hat keines Menschen Fußtritt je diese Einöde betreten, denn die allgemeine Sage geht, dass die Gespenster meiner Väter in diesen Ruinen rasselnde Ketten schleifen, und in mitternächtlicher Stunde ihr Totenlied raunen. Endlich hörte ich die Türe wieder aufgehen, dieser Mann brachte mir Brot und Wasser, und entdeckte mir, wie ich zum Tod des Hungers verurteilt gewesen, und wie er sein Leben in Gefahr setze, wenn es herauskäm', dass er mich speise. So ward ich kümmerlich erhalten diese lange Zeit, aber der unaufhörlichste Frost – die faule Luft meines Unrats, – der grenzenlose Kummer – meine Kräfte wichen, mein Leib schwand; tausendmal bat ich Gott mit Tränen um den Tod, aber das Maß meiner Strafe muss noch nicht gefüllet sein – oder muss noch irgend eine Freude meiner warten, dass ich so wunderbarlich erhalten bin. Aber ich leide gerecht. – Mein Karl! Mein Karl! – und er hatte noch keine grauen Haare.

MOOR: Es ist genug. Auf! ihr Klötze, ihr Eisklumpen! Ihr trägen, fühllosen Schläfer! Auf! will keiner erwachen? *(Er tut einen Pistolschuss über die schlafenden Räuber.)*

DIE RÄUBER *(aufgejagt)*: He, holla! holla! was gibt's da?

MOOR: Hat euch die Geschichte nicht aus dem Schlummer gerüttelt? der ewige Schlaf würde wach worden sein! Schaut her! schaut her! die Gesetze der Welt sind Würfelspiel worden, das Band der Natur ist entzwei, die alte Zwietracht ist los, der Sohn hat seinen Vater erschlagen.

DIE RÄUBER: Was sagt der Hauptmann?

MOOR: Nein, nicht erschlagen! das Wort ist Beschönigung! – der Sohn hat den Vater tausendmal gerädert, gespießt, gefoltert, geschunden! die Worte sind mir zu menschlich – worüber die Sünde rot wird, worüber der Kannibale schaudert, worauf seit Äonen kein Teufel gekommen ist. – Der Sohn hat seinen eigenen Vater – oh seht her, seht her! er ist in Unmacht gesunken, – in dieses Gewölbe hat der Sohn seinen Vater – Frost, – Blöße, – Hunger, – Durst – oh seht doch, seht doch! – es ist mein eigner Vater, ich will's nur gestehn.

Äonen: Ewigkeiten

DIE RÄUBER *(springen herbei und umringen den Alten)*: Dein Vater? dein Vater?

SCHWEIZER *(tritt ehrerbietig näher, fällt vor ihm nieder)*: Vater meines Hauptmanns! Ich küsse dir die Füße! du hast über meinen Dolch zu befehlen.

MOOR: Rache, Rache, Rache dir! grimmig beleidigter, entheiligter Greis! So zerreiß' ich von nun an auf ewig das brüderliche Band! *(Er zerreißt sein Kleid von oben bis unten.)* So verfluch' ich jeden Tropfen brüderlichen Bluts im Antlitz des offenen Himmels! Höre mich Mond und Gestirne! Höre mich mitternächtlicher Himmel! der du auf die Schandtat herunterblicktest! Höre mich dreimal schröcklicher Gott, der da oben über dem Monde waltet, und rächt und verdammt über den Sternen, und feuerflammt über der Nacht! Hier knie' ich – hier streck' ich empor die drei Finger in die Schauer der Nacht – hier schwör' ich, und so speie die Natur mich aus ihren Grenzen wie eine bösartige Bestie aus, wenn ich diesen Schwur verletze, schwör' ich, das Licht des Tages nicht mehr zu grüßen, bis des Vatermörders Blut, vor diesem Steine verschüttet, gegen die Sonne dampft. *(Er steht auf.)*

DIE RÄUBER: Es ist ein Belialsstreich! Sag' einer, wir seien Schelmen! Nein bei allen Drachen! So bunt haben wir's nie gemacht.

Belial: Höllenfürst

MOOR: Ja! und bei allen schröcklichen Seufzern derer, die jemals durch eure Dolche sturben, derer, die meine Flamme fraß und mein fallender Turm zermalmte, – eh' soll kein Gedanke von Mord oder Raub Platz finden in eurer Brust, bis euer aller Kleider von des Verruchten Blut scharlachrot gezeichnet sind – das hat euch wohl niemals geträumet, dass ihr der Arm höherer Majestäten seid? der verworrene Knäul unsers Schicksals ist aufgelöst! Heute, heute hat eine unsichtbare Macht unser Handwerk geadelt! Betet an vor dem, der euch dies erhabene Los gesprochen, der euch hieher geführt, der euch gewürdiget hat, die schröckliche Engel seines finstern Gerichtes zu sein! Entblößet eure Häupter! Kniet hin in den Staub, und stehet geheiliget auf! *(Sie knien.)*

sturben: starben

SCHWEIZER: Gebeut, Hauptmann! was sollen wir tun?

gebeut: befiehl

MOOR: Steh auf, Schweizer, und rühre diese heiligen Locken an. *(Er führt ihn zu seinem Vater und gibt ihm eine Locke in die Hand.)* Du weißt noch, wie du einsmals jenem böhmischen Reuter den Kopf spaltetest, da er eben den Säbel über mich zuckte, und ich atemlos und erschöpft von der Arbeit in die Knie gesunken war? Dazumal verhieß ich dir eine Belohnung, die königlich wäre; ich konnte diese Schuld bisher niemals bezahlen –

SCHWEIZER: Das schwurst du mir, es ist wahr, aber lass mich dich ewig meinen Schuldner nennen!

MOOR: Nein, itzt will ich bezahlen. Schweizer, so ist noch kein Sterblicher geehrt worden wie du! – Räche meinen Vater! *(Schweizer steht auf.)*

SCHWEIZER: Großer Hauptmann! heut hast du mich zum ersten Mal stolz gemacht! – Gebeut, wo, wie, wann soll ich ihn schlagen?

MOOR: Die Minuten sind geweiht, du musst eilends gehn – lies dir die Würdigsten aus der Bande, und führe sie gerade nach des Edelmanns Schloss! zerr' ihn aus dem Bette, wenn er schläft, oder in den Armen der Wollust liegt, schlepp' ihn vom Mahle weg, wenn er besoffen ist, reiß ihn vom Kruzifix, wenn er betend vor ihm auf den Knien liegt! Aber ich sage dir, ich schärf' es dir hart ein, liefr' ihn mir nicht tot! dessen Fleisch will ich in Stücken reißen, und hungrigen Geiern zur Speise geben, der ihm nur die Haut ritzt oder ein Haar kränkt! Ganz muss ich ihn haben, und wenn du ihn ganz und lebendig bringst, so sollst du eine Million zur Belohnung haben, ich will sie einem Könige mit Gefahr meines Lebens stehlen, und du sollst frei ausgehn wie die weite Luft – Hast du mich verstanden, so eile davon!

SCHWEIZER: Genug, Hauptmann – Hier hast du meine Hand darauf: Entweder, du siehst zwei zurückkommen, oder gar keinen. Schweizers Würgengel, kommt! *(Ab mit einem Geschwader.)*

Würgengel: Todesengel

MOOR: Ihr Übrigen zerstreut euch im Wald – Ich bleibe.

Fünfter Akt

Erste Szene

Aussicht von vielen Zimmern. Finstre Nacht.
Daniel kommt mit einer Laterne und einem Reisebündel.

DANIEL: Lebe wohl, teures Mutterhaus – Hab' so manch Guts und Liebs in dir genossen, da der Herr seliger noch lebete – Tränen auf deine Gebeine, du lange Verfaulter! Das verlangt er von einem alten Knecht – es war das Obdach der Waisen, und der Port der Verlassenen, und dieser Sohn hat's gemacht zur Mördergrube – Lebe wohl, du guter Boden! wie oft hat der alte Daniel dich abgefegt – Lebe wohl, du lieber Ofen, der alte Daniel nimmt schwer Abschied von dir – es war dir alles so vertraut worden – wird dir weh tun, alter Elieser – Aber Gott bewahre mich in Gnaden vor dem Trug und List des Argen – Leer kam ich hieher – leer zieh' ich wieder hin – aber meine Seele ist gerettet. *(Wie er gehen will, kömmt Franz im Schlafrock hereingestürzt.)*

Port: Hafen, Zuflucht

DANIEL: Gott steh mir bei! Mein Herr! *(Löscht die Laterne aus.)*

FRANZ: Verraten! Verraten! Geister ausgespien aus Gräbern – Losgerüttelt das Totenreich aus dem ewigen Schlaf brüllt wider mich Mörder! Mörder! – wer regt sich da?

DANIEL *(ängstlich)*: Hilf, heilige Mutter Gottes! Seid Ihr's, gestrenger Herre, der so grässlich durch die Gewölbe schreit, dass alle Schläfer auffahren?

FRANZ: Schläfer? Wer heißt euch schlafen? Fort, zünde Licht an! *(Daniel ab, es kommt ein andrer Bedienter.)* Es soll niemand schlafen in dieser Stunde. Hörst du? Alles soll auf sein – in Waffen – alle Gewehre geladen – Sahst du sie dort den Bogengang hinschweben?

BEDIENTER: Wen, gnädiger Herr?

FRANZ: Wen, Dummkopf, wen? So kalt, so leer fragst du, wen? hat mich's doch angepackt wie der Schwindel! Wen, Eselskopf! wen? Geister und Teufel! wie weit ist's in der Nacht?

BEDIENTER: Eben itzt ruft der Nachtwächter Zwei an.

FRANZ: Was? will diese Nacht währen bis an den Jüngsten Tag? hörtest du keinen Tumult in der Nähe? Kein Siegsgeschrei? Kein Geräusch galoppierender Pferde? Wo ist Kar – der Graf, will ich sagen?

BEDIENTER: Ich weiß nicht, mein Gebieter.

FRANZ: Du weißt's nicht? Du bist auch unter der Rotte? Ich will dir das Herz aus den Rippen stampfen! mit deinem verfluchten: Ich weiß nicht! Fort, hole den Pastor!

Rotte: Bande

BEDIENTER: Gnädiger Herr!

FRANZ: Murrst du? zögerst du? *(Erster Bedienter eilend ab.)* Was? auch Bettler wider mich verschworen? Himmel, Hölle! alles wider mich verschworen?

DANIEL *(kommt mit dem Licht)*: Mein Gebieter –

FRANZ: Nein! ich zittere nicht! es war ledig ein Traum. Die Toten stehen noch nicht auf – wer sagt, dass ich zittere und bleich bin? Es ist mir ja so leicht, so wohl.

ledig: nur

DANIEL: Ihr seid totenbleich, Eure Stimme ist bang und lallet.

FRANZ: Ich habe das Fieber. Sage du nur, wenn der Pastor kommt, ich habe das Fieber. Ich will morgen zur Ader lassen, sage dem Pastor.

DANIEL: Befehlt Ihr, dass ich Euch Lebensbalsam auf Zucker tröpfle?

FRANZ: Tröpfle mir auf Zucker! der Pastor wird nicht sogleich da sein. Meine Stimme ist bang und lallet, gib Lebensbalsam auf Zucker!

DANIEL: Gebt mir erst die Schlüssel, ich will drunten holen im Schrank –

zur Ader lassen: Der Aderlass war im 18. Jh. ein gebräuchliches Mittel zur Bekämpfung von Krankheiten.

Lebensbalsam: Balsamtropfen zur Linderung und Stärkung

FRANZ: Nein, nein, nein! Bleib! oder ich will mit dir gehn. Du siehst, ich kann nicht allein sein! wie leicht könnt' ich, du siehst ja – unmächtig – wenn ich allein bin. Lass nur, lass nur! Es wird vorübergehen, du bleibst.

DANIEL: Oh, Ihr seid ernstlich krank.

FRANZ: Ja freilich, freilich! das ist alles. – Und Krankheit verstöret das Gehirn, und brütet tolle und wunderliche Träume aus – Träume bedeuten nichts – Nicht wahr, Daniel? Träume kommen ja aus dem Bauch, und Träume bedeuten nichts – ich hatte soeben einen lustigen Traum. *(Er sinkt unmächtig nieder.)*

DANIEL: Jesus Christus! was ist das? Georg! Konrad! Bastian! Martin! so gebt doch nur eine Urkund von Euch! *(Rüttelt ihn.)* Maria, Magdalena und Joseph! so nimmt doch nur Vernunft an! So wird's heißen, ich hab' ihn tot gemacht, Gott erbarme sich meiner!

Urkund: Lebenszeichen

FRANZ *(verwirrt)*: Weg – weg! was rüttelst du mich so, scheußliches Totengeripp? – die Toten stehen noch nicht auf –

DANIEL: O du ewige Güte! Er hat den Verstand verloren.

FRANZ *(richtet sich matt auf)*: Wo bin ich? – du Daniel? was hab' ich gesagt? merke nicht drauf! ich hab' eine Lüge gesagt, es sei was es wolle – komm! hilf mir auf! – es ist nur ein Anstoß von Schwindel – weil ich – weil ich – nicht ausgeschlafen habe.

Anstoß: Anfall

DANIEL: Wär' nur der Johann da! Ich will Hülfe rufen, ich will nach Ärzten rufen.

FRANZ: Bleib! setz dich neben mich auf diesen Sofa – so – du bist ein gescheuter Mann, ein guter Mann. Lass dir erzählen!

DANIEL: Itzt nicht, ein ander Mal! Ich will Euch zu Bette bringen, Ruhe ist Euch besser.

FRANZ: Nein, ich bitte dich, lass dir erzählen und lache mich derb aus! – Siehe mir dauchte, ich hätte ein könig-

mir dauchte: mir war, als ob

lich Mahl gehalten, und mein Herz wär' guter Dinge, und ich läge berauscht im Rasen des Schlossgartens, und plötzlich – es war zur Stunde des Mittags – plötzlich, aber ich sage dir, lache mich derb aus! –

DANIEL: Plötzlich?

FRANZ: Plötzlich traf ein ungeheurer Donner mein schlummerndes Ohr; ich taumelte bebend auf, und siehe, da war mir's, als säh' ich aufflammen den ganzen Horizont in feuriger Lohe, und Berge und Städte und Wälder, wie Wachs im Ofen zerschmolzen, und eine heulende Windsbraut fegte von hinnen Meer, Himmel und Erde – da erscholl's wie aus ehernen Posaunen: Erde, gib deine Toten, gib deine Toten, Meer! und das nackte Gefild begonn zu kreißen, und aufzuwerfen Schädel und Rippen und Kinnbacken und Beine, die sich zusammenzogen in menschliche Leiber, und daherströmten unübersehlich, ein lebendiger Sturm: Damals sah ich aufwärts, und siehe, ich stand am Fuß des donnernden Sina, und über mir Gewimmel und unter mir, und oben auf der Höhe des Bergs auf drei rauchenden Stühlen drei Männer, vor deren Blick flohe die Kreatur –

Lohe: Flamme

Gefild: Feld

kreißen: gebären

Sina: der Berg Sinai. Dort hat Moses die Zehn Gebote erhalten.

DANIEL: Das ist ja das leibhafte Konterfei vom Jüngsten Tage.

FRANZ: Nicht wahr? das ist ein tolles Gezeuge? – Da trat hervor Einer, anzusehen wie die Sternennacht, der hatte in seiner Hand einen eisernen Siegelring, den hielt er zwischen Aufgang und Niedergang und sprach: Ewig, heilig, gerecht, unverfälschbar! Es ist nur e i n e Wahrheit, es ist nur e i n e Tugend! Wehe, wehe, wehe dem zweifelnden Wurme! – da trat hervor ein Zweiter, der hatte in seiner Hand einen blitzenden Spiegel, den hielt er zwischen Aufgang und Niedergang und sprach: Dieser Spiegel ist Wahrheit; Heuchelei und Larven beste-

Gezeuge: Zeug

hen nicht – da erschrak ich und alles Volk, denn wir sahen Schlangen- und Tiger- und Leopardengesichter zurückgeworfen aus dem entsetzlichen Spiegel. – Da trat hervor ein Dritter, der hatte in seiner Hand eine eherne Waage, die hielt er zwischen Aufgang und Niedergang und sprach: tretet herzu, ihr Kinder von Adam – ich wäge die Gedanken in der Schale meines Zornes! und die Werke mit dem Gewicht meines Grimms! –

eherne Waage: eiserne Waage, in der der Richter im Jüngsten Gericht Sünden abwiegt

DANIEL: Gott erbarme sich meiner!

FRANZ: Schneebleich stunden alle, ängstlich klopfte die Erwartung in jeglicher Brust. Da war mir's, als hört' ich meinen Namen zuerst genannt aus den Wettern des Berges, und mein innerstes Mark gefror in mir, und meine Zähne klapperten laut. Schnell begonn die Waage zu klingen, zu donnern der Fels, und die Stunden zogen vorüber, eine nach der andern an der links hangenden Schale, und eine nach der andern warf eine T o d s ü n d e hinein –

DANIEL: O Gott vergeb' Euch!

FRANZ: Das tat er nicht! – die Schale wuchs zu einem Gebirge, aber die andere, voll vom Blut der Versöhnung, hielt sie noch immer hoch in den Lüften – zuletzt kam ein alter Mann, schwer gebeuget von Gram, angebissen den Arm von wütendem Hunger, aller Augen wandten sich scheu vor dem Mann, ich kannte den Mann, er schnitt eine Locke von seinem silbernen Haupthaar, warf sie hinein in die Schale der Sünden, und siehe, sie sank, sank plötzlich zum Abgrund, und die Schale der Versöhnung flatterte hoch auf! – Da hört' ich eine Stimme schallen aus dem Rauche des Felsens: Gnade, Gnade jedem Sünder der Erde und des Abgrunds! du allein bist verworfen! – *(Tiefe Pause.)* Nun, warum lachst du nicht?

Blut der Versöhnung: Blut Christi, das nach christl. Vorstellung zur Vergebung der Sünden vergossen wurde

DANIEL: Kann ich lachen, wenn mir die Haut schaudert? Träume kommen von Gott.

FRANZ: Pfui doch, pfui doch! sage das nicht! Heiß mich einen Narren, einen aberwitzigen, abgeschmackten Narren! Tu das, lieber Daniel, ich bitte dich drum, spotte mich tüchtig aus!

DANIEL: Träume kommen von Gott. Ich will für Euch beten.

FRANZ: Du lügst, sag' ich – geh den Augenblick, lauf, spring, sieh, wo der Pastor bleibt, heiß ihn eilen, eilen, aber ich sage dir, du lügst.

DANIEL *(im Abgehn)*: Gott sei Euch gnädig!

FRANZ: Pöbelweisheit, Pöbelfurcht! – Es ist ja noch nicht ausgemacht, ob das Vergangene nicht vergangen ist, oder ein Auge findet über den Sternen – hum, hum! wer raunte mir das ein? Rächet denn droben über den Sternen einer? – Nein, nein! – Ja, ja! Fürchterlich zischelt's um mich: Richtet droben einer über den Sternen! Entgegengehen dem Rächer über den Sternen diese Nacht noch! Nein! sag' ich – Elender Schlupfwinkel, hinter den sich deine Feigheit verstecken will – öd, einsam, taub ist's droben über den Sternen – wenn's aber doch etwas mehr wäre? Nein, nein, es ist nicht! Ich befehle, es ist nicht! Wenn's aber doch wäre? Weh dir, wenn's nachgezählt worden wäre! wenn's dir vorgezählt würde diese Nacht noch! – Warum schaudert mir so durch die Knochen? – S t e r b e n! warum packt mich das Wort so? Rechenschaft geben dem Rächer droben über den Sternen – und wenn er gerecht ist, Waisen und Witwen, Unterdrückte, Geplagte heulen zu ihm auf, und wenn er gerecht ist? – warum haben sie gelitten, warum hast du über sie triumphieret? –

Pastor Moser tritt auf.

MOSER: Ihr ließt mich holen, gnädiger Herr. Ich erstaune. Das erste Mal in meinem Leben! Habt Ihr im Sinn, über die Religion zu spotten, oder fangt Ihr an, vor ihr zu zittern?

FRANZ: Spotten oder zittern, je nachdem du mir antwortest. – Höre, Moser, ich will dir zeigen, dass du ein Narr bist, oder die Welt für'n Narren halten willst, und du sollst mir antworten. Hörst du? Auf dein Leben sollst du mir antworten.

MOSER: Ihr fordert einen Höheren vor Euren Richterstuhl. Der Höhere wird Euch dermaleins antworten.

FRANZ: Itzt will ich's wissen, itzt diesen Augenblick, damit ich nicht die schändliche Torheit begehe, und im Drange der Not den Götzen des Pöbels anrufe. Ich hab's dir oft mit Hohnlachen beim Burgunder zugesoffen: Es ist kein Gott! – Itzt red' ich im Ernste mir dir, ich sage dir: es ist keiner! Du sollst mich mit allen Waffen widerlegen, die du in deiner Gewalt hast, aber ich blase sie weg mit dem Hauch meines Mundes.

Torheit: Dummheit

Götzen: Abgott, »falscher« Gott

MOSER: Wenn du auch eben so leicht den Donner wegblasen könntest, der mit zehntausendfachem Zentnergewicht auf deine stolze Seele fallen wird! dieser allwissende Gott, den du Tor und Bösewicht mitten aus seiner Schöpfung zernichtest, braucht sich nicht durch den Mund des Staubes zu rechtfertigen. Er ist eben so groß in deinen Tyranneien, als irgend in einem Lächeln der siegenden Tugend.

FRANZ: Ungemein gut, Pfaffe! So gefällst du mir.

MOSER: Ich stehe hier in den Angelegenheiten eines größeren Herrn, und rede mit einem, der ein Wurm ist, wie ich, dem ich nicht gefallen will. Freilich müsst' ich Wunder tun können, wenn ich deiner halsstarrigen Bosheit das Geständnis abzwingen könnte, – aber wenn deine Überzeugung so fest ist? warum ließest du mich rufen, sage mir doch, warum ließest du mich in der Mitternacht rufen?

FRANZ: Weil ich Langeweile hab', und eben am Schachbrett keinen Geschmack finde. Ich will mir einen Spaß machen, mich mit Pfaffen herumzubeißen. Mit dem leeren Schrecken wirst du meinen Mut nicht entmannen. Ich weiß wohl, dass derjenige auf Ewigkeit hofft, der hier zu kurz gekommen ist; aber er wird garstig betrogen. Ich hab's immer gelesen, dass unser Wesen nichts ist, als Sprung des Geblüts, und mit dem letzten Blutstropfen zerrinnt auch Geist und Gedanke. Er macht alle Schwachheiten des Körpers mit, wird er nicht auch aufhören bei seiner Zerstörung? nicht bei seiner Fäulung verdampfen? Lass einen Wassertropfen in deinem Gehirne verirren, und dein Leben macht eine plötzliche Pause, die zunächst an das Nichtsein grenzt, und ihre Fortdauer ist der Tod. Empfindung ist Schwingung einiger Saiten, und das zerschlagene Klavier tönet nicht mehr. Wenn ich meine sieben Schlösser schleifen lasse, wenn ich diese Venus zerschlage, so ist's Symmetrie und Schönheit gewesen. Siehe da! das ist eure unsterbliche Seele!

Sprung des Geblüts: Pulsieren des Bluts

schleifen: abreißen

MOSER: Das ist die Philosophie Eurer Verzweiflung. Aber Euer eigenes Herz, das bei diesen Beweisen ängstlich bebend wider Eure Rippen schlägt, straft Euch Lügen. Diese Spinnweben von Systemen zerreißt das einzige Wort: Du musst sterben! – ich fordere Euch auf, das soll die Probe sein, wenn Ihr im Tode annoch feste steht, wenn Euch Eure Grundsätze auch da nicht im Stiche lassen, so sollt Ihr gewonnen haben; wenn Euch im Tode nur der mindeste Schauer anwandelt, weh Euch dann! Ihr habt Euch betrogen.

annoch: auch dann noch

FRANZ *(verwirrt)*: Wenn mich im Tode ein Schauer anwandelt?

MOSER: Ich habe wohl mehr solche Elende gesehen, die bis hieher der Wahrheit Riesentrotz boten, aber im Tode selbst flattert die Täuschung dahin. Ich will an Eurem Bette stehn, wenn Ihr sterbet – ich möchte so gar gern einen Tyrannen sehen dahinfahren – ich will dabei stehn und Euch starr ins Auge fassen, wenn der Arzt Eure kalte, nasse Hand ergreift und den verloren schleichenden Puls kaum mehr finden kann, und aufschaut, und mit jenem schröcklichen Achselzucken zu Euch spricht: menschliche Hülfe ist umsonst! Hütet Euch dann, o hütet Euch ja, dass Ihr da nicht ausseht wie Richard und Nero!

FRANZ: Nein, nein!

MOSER: Auch dieses Nein wird dann zu einem heulenden Ja – ein inneres Tribunal, das Ihr nimmermehr durch skeptische Grübeleien bestechen könnt, wird itzo erwachen, und Gericht über Euch halten. Aber es wird ein Erwachen sein, wie des lebendig Begrabenen im Bauche des Kirchhofs, es wird ein Unwille sein wie des Selbstmörders, wenn er den tödlichen Streich schon getan hat und bereut, es wird ein Blitz sein, der die Mitternacht Eures Lebens zumal überflammt, es wird ein Blick sein, und wenn Ihr da noch feste steht, so sollt Ihr gewonnen haben!

FRANZ *(unruhig im Zimmer auf und ab gehend)*: Pfaffengewäsche, Pfaffengewäsche!

MOSER: Itzt zum ersten Mal werden die Schwerter einer Ewigkeit durch Eure Seele schneiden, und itzt zum ersten Mal zu spät. – Der Gedanke Gott weckt einen fürchterlichen Nachbar auf, sein Name heißt Richter. Sehet, Moor, Ihr habt das Leben von Tausenden an der Spitze Eures Fingers, und von diesen Tausenden habt Ihr neunhundertneunundneunzig elend gemacht. Euch fehlt zu einem Nero nur das römische Reich, und nur

Nero: röm. Kaiser (44–116 n. Chr.) war bekannt für seine tyrannische Herrschaft

inneres Tribunal: Gewissen

Peru zu einem Pizarro. Nun, glaubt Ihr wohl, Gott werde es zugeben, dass ein einziger Mensch in seiner Welt wie ein Wütrich hause, und das Oberste zuunterst kehre? Glaubt Ihr wohl, diese neunhundertundneunundneunzig seien nur zum Verderben, nur zu Puppen Eures satanischen Spieles da? Oh glaubt das nicht! Er wird jede Minute, die Ihr ihnen getötet, jede Freude, die Ihr ihnen vergiftet, jede Vollkommenheit, die Ihr ihnen versperrt habt, von Euch fodern dereinst, und wenn Ihr darauf antwortet, Moor, so sollt Ihr gewonnen haben.

Pizarro: Francisco Pizarro (1476–1551) vernichtete die Inka in Peru.

FRANZ: Nichts mehr, kein Wort mehr! Willst du, dass ich deinen schwarzlebrigen Grillen zu Gebot steh'?

schwarzlebrige Grillen: schwermütige Launen

MOSER: Sehet zu, das Schicksal der Menschen stehet unter sich in fürchterlich schönem Gleichgewicht. Die Waagschale dieses Lebens sinkend, wird hochsteigen in jenem, steigend in diesem wird in jenem zu Boden fallen. Aber was hier zeitliches Leiden war, wird dort ewiger Triumph, was hier endlicher Triumph war, wird dort ewige unendliche Verzweiflung.

FRANZ *(wild auf ihn losgehend)*: Dass dich der Donner stumm mache, Lügengeist du! Ich will dir die verfluchte Zunge aus dem Munde reißen!

MOSER: Fühlt Ihr die Last der Wahrheit so früh? Ich habe ja noch nichts von Beweisen gesagt. Lasst mich nur erst zu den Beweisen –

FRANZ: Schweig, geh in die Hölle mit deinen Beweisen! zernichtet wird die Seele, sag' ich dir, und sollst mir nicht darauf antworten!

MOSER: Darum winseln auch die Geister des Abgrunds, aber der im Himmel schüttelt das Haupt. Meint Ihr, dem Arm des Vergelters im öden Reich des Nichts zu entlaufen? und führet Ihr gen Himmel, so ist er da! und bettetet Ihr Euch in die Hölle, so ist er wieder da! und sprächet Ihr zu der Nacht: verhülle mich! und zu der

Finsternis: birg mich! so muss die Finsternis leuchten um Euch, und um den Verdammten die Mitternacht tagen – aber Euer unsterblicher Geist sträubt sich unter dem Wort, und siegt über den blinden Gedanken.

FRANZ: Ich will aber nicht unsterblich sein – sei es, wer da will, ich will's nicht hindern. Ich will ihn zwingen, dass er mich zernichte, ich will ihn zur Wut reizen, dass er mich in der Wut zernichte. Sag mir, was ist die größte Sünde, und die ihn am grimmigsten aufbringt?

MOSER: Ich kenne nur zwei. Aber sie werden nicht von Menschen begangen, auch ahnden sie Menschen nicht.

ahnden: gerichtlich verfolgen

FRANZ: Diese zwei? –

MOSER *(sehr bedeutend)*: Vatermord heißt die eine, Brudermord die andere – Was macht Euch auf einmal so bleich?

FRANZ: Was, Alter? Stehst du mit dem Himmel oder mit der Hölle im Bündnis? Wer hat dir das gesagt?

MOSER: Wehe dem, der sie beide auf dem Herzen hat! Ihm wäre besser, dass er nie geboren wäre! Aber seid ruhig! Ihr habt weder Vater noch Bruder mehr!

FRANZ: Ha! – was, du kennst keine drüber? Besinne dich nochmals – Tod, Himmel, Ewigkeit, Verdammnis schwebt auf dem Laut deines Mundes – keine einzige drüber?

MOSER: Keine einzige drüber.

FRANZ *(fällt in einen Stuhl)*: Zernichtung! Zernichtung!

MOSER: Freut Euch, freut Euch doch! preist Euch doch glücklich! – Bei allen Euren Gräueln seid Ihr noch ein Heiliger gegen den Vatermörder. Der Fluch, der Euch trifft, ist gegen den, der auf diesen lauert, ein Gesang der Liebe – die Vergeltung –

FRANZ *(aufgesprungen)*: Geh in tausend Grüfte, du Eule! wer hieß dich hieher kommen? Geh, sag' ich, oder ich stoß' dich durch und durch!

MOSER: Kann das Pfaffengewäsche so einen Philosophen in Harnisch jagen? Blast es doch weg mit dem Hauch Eures Mundes! *(Geht ab.)*

In Harnisch jagen: in Wut bringen

(Franz wirft sich in seinem Sessel herum in schröcklichen Bewegungen. Tiefe Pause).

Ein Bedienter eilig.

BEDIENTER: Amalia ist entsprungen, der Graf ist plötzlich verschwunden.

Daniel kommt ängstlich.

DANIEL: Gnädiger Herr, jagt ein Trupp feuriger Reuter die Staig herab, schreien Mordjo, Mordjo! – das ganze Dorf in Alarm.

feuriger Reuter: Reiter mit Fackeln

Staig: Straße

FRANZ: Geh, lass alle Glocken zusammen läuten, alles soll in die Kirche – auf die Knie fallen alles – beten für mich – alle Gefangne sollen los sein und ledig, ich will den Armen alles doppelt und dreifach wiedergeben, ich will – so geh doch – so ruf doch den Beichtvater, dass er mir meine Sünden hinwegsegne – bist du noch nicht fort? *(Das Getümmel wird hörbarer.)*

DANIEL: Gott verzeih mir meine schwere Sünde! Wie soll ich das wieder reimen? Ihr habt ja immer das liebe Gebet über alle Häuser hinausgeworfen, habt mir so manche Postill' und Bibelbuch an den Kopf gejagt, wenn Ihr mich ob dem Beten ertapptet –

über alle Häuser hinausgeworfen: verachtet

Postille: religiöses Erbauungsbuch

ob dem: beim

FRANZ: Nichts mehr davon – Sterben! siehst du? Sterben? – Es wird zu spät. *(Man hört Schweizern toben.)* Bete doch! bete!

DANIEL: Ich sagt's Euch immer – Ihr verachtet das liebe Gebet so – aber gebt Acht, gebt Acht! wenn die Not an Mann geht, wenn Euch das Wasser an die Seele geht, Ihr werdet alle Schätze der Welt um ein christliches Seufzerlein geben – Seht Ihr's? Ihr verschimpftet mich! Da habt Ihr's nun! Seht Ihr's?

FRANZ *(umarmt ihn ungestüm)*: Verzeih, lieber, goldner Perlendaniel, verzeih – ich will dich kleiden von Fuß auf – so bet doch – ich will dich zum Hochzeiter machen – ich will – so bet doch – ich beschwöre dich – auf den Knien beschwör' ich dich – ins T[eufe]ls Namen! so bet' doch! *(Tumult auf den Straßen. Geschrei – Gepolter.)*

Hochzeiter: Bräutigam

SCHWEIZER *(auf der Gasse)*: Stürmt! Schlagt tot! Brecht ein! Ich sehe Licht! dort muss er sein.

FRANZ *(auf den Knien)*: Höre mich beten, Gott im Himmel! – Es ist das erste Mal – soll auch gewiss nimmer geschehen – Erhöre mich, Gott im Himmel!

DANIEL: Mein doch! Was treibt Ihr? Das ist ja gottlos gebetet.

Volksauflauf.

VOLK: Diebe! Mörder! wer lärmt so grässlich in dieser Mitternachtsstunde?

SCHWEIZER *(immer auf der Gasse)*: Schlag sie zurück, Kamerad – der Teufel ist's und will euren Herrn holen – wo ist der Schwarz mit seinem Haufen? – Postier dich ums Schloss, Grimm – Lauf Sturm wider die Ringmauer!

Postier dich: Stelle Posten auf

GRIMM: Holt ihr Feuerbrände – wir hinauf oder er herunter – ich will Feuer in seine Säle schmeißen.

FRANZ *(betet)*: Ich bin kein gemeiner Mörder gewesen, mein Herrgott! – hab mich nie mit Kleinigkeiten abgegeben, mein Herrgott –

DANIEL: Gott sei uns gnädig! Auch seine Gebete werden zu Sünden. *(Es fliegen Steine und Feuerbrände. Die Scheiben fallen. Das Schloss brennt.)*

Feuerbrände: Feuergeschosse

FRANZ: Ich kann nicht beten – hier hier! *(Auf Brust und Stirn schlagend.)* alles so öd – so verdorret. *(Steht auf.)*

Nein ich will auch nicht beten – diesen Sieg soll der Himmel nicht haben, diesen Spott mir nicht antun die Hölle –

DANIEL: Jesus Maria! helft – rettet – das ganze Schloss steht in Flammen!

FRANZ: Hier nimm diesen Degen. Hurtig. Jag mir ihn hinterrücks in den Bauch, dass nicht diese Buben kommen und treiben ihren Spott aus mir. *(Das Feuer nimmt überhand.)*

DANIEL: Bewahre! Bewahre! Ich mag Niemand zu früh in den Himmel fördern, viel weniger zu früh – *(Er entrinnt.)*

FRANZ *(ihm grass nachstierend, nach einer Pause)*: In die Hölle, wolltest du sagen? – Wirklich? ich wittere so etwas – *(wahnsinnig)* Sind das ihre hellen Triller? Hör' ich euch zischen, ihr Nattern des Abgrunds? – Sie dringen herauf – belagern die Türe – warum zag' ich so vor dieser bohrenden Spitze? – Die Türe kracht – stürzt – unentrinnbar! – Ha! so erbarm du dich meiner! *(Er reißt seine goldene Hutschnur ab und erdrosselt sich.)*

grass: entgeistert

Schweizer mit seinen Leuten.

SCHWEIZER: Mordkanaille, wo bist du? – Saht ihr, wie sie flohen? – hat er so wenig Freunde? – Wohin hat sich die Bestie verkrochen?

GRIMM *(stößt an die Leiche)*: Halt, was liegt hier im Weg? Zündet hieher –

SCHWARZ: Er hat das Prävenire gespielt. Steckt eure Schwerter ein, hier liegt er wie eine Katze verreckt.

SCHWEIZER: Tot! was? tot? ohne mich tot? – Erlogen, sag' ich. Gebt Acht, wie hurtig er auf die Beine springt! – *(Rüttelt ihn.)* Heh du! Es gibt einen Vater zu ermorden.

GRIMM: Gib dir keine Müh. Er ist maustot.

zünden: leuchten

Er hat das Prävenire gespielt: Er ist uns zuvorgekommen.

SCHWEIZER *(tritt von ihm weg)*: Ja! Er freut sich nicht – Er ist maustot – Gehet zurück und saget meinem Hauptmann: Er ist maustot – mich sieht er nicht wieder. *(Schießt sich vor die Stirn.)*

Zweite Szene

Der Schauplatz wie in der letzten Szene des vorigen Akts. Der alte Moor auf einem Stein sitzend. Räuber Moor gegenüber. Räuber hin und her im Wald.

R. MOOR: Er kommt noch nicht? *(Schlägt mit dem Dolch auf einen Stein, dass es Funken gibt.)*

DER ALTE MOOR: Verzeihung sei seine Strafe – meine Rache verdoppelte Liebe.

R. MOOR: Nein, bei meiner grimmigen Seele! Das soll nicht sein. Ich will's nicht haben. Die große Schandtat soll er mit sich in die Ewigkeit hinüberschleppen! – Wofür hab' ich ihn dann umgebracht?

DER ALTE MOOR *(in Tränen ausbrechend)*: O mein Kind!

R. MOOR: Was? – Du weinst um ihn – an diesem Turme?

DER ALTE MOOR: Erbarmung! o Erbarmung! *(Heftig die Hände ringend.)* Itzt – itzt wird mein Kind gerichtet!

R. MOOR *(erschrocken)*: Welches?

DER ALTE MOOR: Ha! was ist das für eine Frage?

R. MOOR: Nichts! Nichts!

DER ALTE MOOR: Bist du kommen, Hohngelächter anzustimmen über meinen Jammer?

R. MOOR: Verräterisches Gewissen! – Merket nicht auf meine Rede.

DER ALTE MOOR: Ja ich hab' einen Sohn gequält, und ein Sohn musste mich wieder quälen, das ist Gottes Finger – o mein Karl! mein Karl! wenn du um mich schwebst im Gewand des Friedens. Vergib mir. Oh vergib mir!

R. MOOR *(schnell)*: Er vergibt Euch. *(Betroffen.)* Wenn er's wert ist, Euer Sohn zu heißen – Er muss Euch vergeben.

DER ALTE MOOR: Ha! Er war zu herrlich für mich – Aber ich will ihm entgegen mit meinen Tränen, meinen schlaflosen Nächten, meinen quälenden Träumen, seine Knie will ich umfassen – rufen – laut rufen: Ich hab' gesündigt im Himmel und vor dir. Ich bin nicht wert, dass du mich Vater nennst.

R. MOOR *(sehr gerührt)*: Er war Euch lieb, Euer andrer Sohn?

DER ALTE MOOR: Du weißt es, o Himmel! Warum ließ ich mich doch durch die Ränke eines bösen Sohnes betören? Ein gepriesener Vater ging ich einher unter den Vätern der Menschen. Schön um mich blühten meine Kinder voll Hoffnung. Aber – o der unglückseligen Stunde! – der böse Geist fuhr in das Herz meines zweiten, ich traute der Schlange – verloren meine Kinder beide. *(Verhüllt sich das Gesicht.)*

gepriesen: glücklich

R. MOOR *(geht weit von ihm weg)*: Ewig verloren!

DER ALTE MOOR: Oh ich fühl' es tief, was mir Amalia sagte, der Geist der Rache sprach aus ihrem Munde: Vergebens ausstrecken deine sterbenden Hände wirst du nach einem Sohn, vergebens wähnen zu umfassen die warme Hand deines Karls, der nimmermehr an deinem Bette steht –

(R. Moor reicht ihm die Hand mit abgewandtem Gesicht.)

DER ALTE MOOR: Wärst du meines Karls Hand! – Aber er liegt fern im engen Hause, schläft schon den eisernen Schlaf, höret nimmer die Stimme meines Jammers – weh mir! Sterben in den Armen eines Fremdlings – Kein Sohn mehr – Kein Sohn mehr, der mir die Augen zudrücken könnte –

im engen Hause: im Grab

R. MOOR *(in der heftigsten Bewegung)*: Itzt muss es sein – itzt – Verlasst mich *(zu den Räubern)!* Und doch – Kann ich ihm denn seinen Sohn wieder schenken? – Ich kann ihm seinen Sohn doch nicht mehr schenken – Nein! Ich will's nicht tun.

DER ALTE MOOR: Wie Freund? Was hast du da gemurmelt?

R. MOOR: Dein Sohn – Ja alter Mann – *(Stammelnd.)* Dein Sohn – ist – ewig verloren.

DER ALTE MOOR: Ewig?

R. MOOR *(in der fürchterlichsten Beklemmung gen Himmel sehend)*: O nur diesmal – Lass meine Seele nicht matt werden – nur diesmal halte mich aufrecht.

DER ALTE MOOR: Ewig, sagst du?

R. MOOR: Frage nichts weiter! Ewig, sagt' ich.

DER ALTE MOOR: Fremdling! Fremdling! Warum zogst du mich aus dem Turme?

R. MOOR: Und wie? – Wenn ich jetzt seinen Segen weghaschte – haschte wie ein Dieb, und mich davonschlich' mit der göttlichen Beute – Vatersegen, sagt man, geht niemals verloren.

DER ALTE MOOR: Auch mein Franz verloren? –

R. MOOR *(stürzt vor ihm nieder)*: Ich zerbrach die Riegel deines Turms – Gib mir deinen Segen!

DER ALTE MOOR *(mit Schmerz)*: Dass du den Sohn vertilgen musstest, Retter des Vaters! – Siehe die Gottheit ermüdet nicht im Erbarmen, und wir armseligen Würmer gehen schlafen mit unserm Groll. *(Legt seine Hand auf des Räubers Haupt.)* Sei so glücklich, als du dich erbarmest!

R. MOOR *(weichmütig aufstehend)*: O – wo ist meine Mannheit? Meine Sehnen werden schlapp, der Dolch sinkt aus meinen Händen.

DER ALTE MOOR: Wie köstlich ist's, wenn Brüder einträchtig beisammen wohnen, wie der Tau, der vom Hermon fällt auf die Berge Zion – Lern diese Wollust verdienen,

Hermon: biblischer Berg, Grenze Israels

Zion: *hier* gelobtes Land

junger Mann, und die Engel des Himmels werden sich sonnen in deiner Glorie. Deine Weisheit sei die Weisheit der grauen Haare, aber dein Herz – dein Herz sei das Herz der unschuldigen Kindheit.

R. MOOR: O einen Vorgeschmack dieser Wollust. Küsse mich, göttlicher Greis!

DER ALTE MOOR *(küsst ihn)*: Denk', es sei Vaterskuss, so will ich denken, ich küsse meinen Sohn – Du kannst auch weinen?

R. MOOR: Ich dacht', es sei Vaterskuss! – Weh mir, wenn sie ihn jetzt brächten!

Schweizers Gefährten treten auf im stummen Trauerzug mit gesenkten Häuptern und verhüllten Gesichtern.

R. MOOR: Himmel! *(Tritt scheu zurück und sucht sich zu verbergen. Sie ziehen an ihm vorüber. Er sieht weg von ihnen. Tiefe Pause. Sie halten.)*

GRIMM *(mit gesenktem Ton)*: Mein Hauptmann. *(Räuber Moor antwortet nicht und tritt weiter zurück.)*

SCHWARZ: Teurer Hauptmann. *(Räuber Moor weicht weiter zurück.)*

GRIMM: Wir sind unschuldig, mein Hauptmann.

R. MOOR *(ohne nach ihnen zu blicken)*: Wer seid ihr?

GRIMM: Du blickst uns nicht an. Deine Getreuen.

R. MOOR: Weh euch, wenn ihr mir getreu wart!

GRIMM: Das letzte Lebewohl von deinem Knecht Schweizer – er kehrt nie wieder dein Knecht Schweizer.

R. MOOR *(aufspringend)*: So habt ihr ihn nicht gefunden?

SCHWARZ: Tot gefunden.

R. MOOR *(froh emporhüpfend)*: Habe Dank, Lenker der Dinge – Umarmet mich, meine Kinder! – Erbarmung sei von nun an die Losung – Nun wär' auch das überstanden – Alles überstanden.

Neue Räuber. Amalia.

RÄUBER: Heisa, heisa! Ein Fang, ein superber Fang!

superb: prächtig

AMALIA *(mit fliegenden Haaren)*: Die Toten, schreien sie, seien erstanden auf seine Stimme – mein Oheim lebendig – in diesem Wald – wo ist er? Karl! Oheim! – Ha! *(Stürzt auf den Alten zu.)*

DER ALTE MOOR: Amalia! Meine Tochter! Amalia! *(Hält sie in seinen Armen gepresst.)*

R. MOOR *(zurückspringend)*: Wer bringt dies Bild vor meine Augen?

AMALIA *(entspringt dem Alten, springt auf den Räuber zu und umschlingt ihn entzückt)*: Ich hab' ihn, o ihr Sterne! Ich hab' ihn! –

R. MOOR *(sich losreißend, zu den Räubern)*: Brecht auf, ihr! Der Erzfeind hat mich verraten!

Erzfeind: Teufel

AMALIA: Bräutigam, Bräutigam, du rasest! Ha! Vor Entzückung! Warum bin ich auch so fühllos, mitten im Wonnewirbel so kalt?

DER ALTE MOOR *(sich aufraffend)*: Bräutigam? Tochter! Tochter! Ein Bräutigam?

AMALIA: Ewig sein! Ewig, ewig, ewig mein! – Oh ihr Mächte des Himmels! Entlastet mich dieser tödlichen Wollust, dass ich nicht unter der Bürde vergehe!

R. MOOR: Reißt sie von meinem Halse! Tötet sie! Tötet ihn! mich! euch! alles! Die ganze Welt geh zu Grunde! *(Er will davon.)*

AMALIA: Wohin? was? Liebe Ewigkeit! Wonn' Unendlichkeit, und du fliehst?

R. MOOR: Weg, weg! – Unglückseligste der Bräute! – Schau selbst, frage selbst, höre! – Unglückseligster der Väter! Lass mich immer ewig davonrennen!

AMALIA: Haltet mich! Um Gotteswillen, haltet mich! – Es wird mir so Nacht vor den Augen – Er flieht!

R. MOOR: Zu spät! Vergebens! Dein Fluch, Vater – frage mich nichts mehr! – ich bin, ich habe, – dein Fluch – dein vermeinter Fluch! – Wer hat mich hergelockt? *(Mit gezogenem Degen auf die Räuber losgehend.)* Wer von euch hat mich hiehergelockt, ihr Kreaturen des Abgrunds? – So vergeh dann, Amalia! – Stirb Vater! Stirb durch mich zum dritten Mal! – Diese deine Retter sind Räuber und Mörder! Dein Karl ist ihr Hauptmann!

vermeinter: vermeintlicher

(Der alte Moor gibt seinen Geist auf. Amalia steht stumm und starr wie eine Bildsäule. Die ganze Bande in fürchterlicher Pause.)

R. MOOR *(wider eine Eiche rennend)*: Die Seelen derer, die ich erdrosselte im Taumel der Liebe – derer, die ich zerschmetterte im heiligen Schlaf, derer – hahaha! hört ihr den Pulverturm knallen über der Kreißenden Stühlen? Seht ihr die Flammen schlagen an den Wiegen der Säuglinge? das ist Brautfackel, das ist Hochzeitmusik – oh, er vergisst nicht, er weiß zu knüpfen – darum von mir die Wonne der Liebe! darum mir zur Folter die Liebe! Das ist Vergeltung!

der Kreißenden Stühle: Gebärstühle

AMALIA: Es ist wahr! Herrscher im Himmel! Es ist wahr. – Was hab' ich getan, ich unschuldiges Lamm? Ich hab' diesen geliebt!

R. MOOR: Das ist mehr, als ein Mann erduldet. Hab' ich doch den Tod aus mehr denn tausend Röhren auf mich zupfeifen gehört, und bin ihm keinen Fußbreit gewichen, soll ich itzt erst lernen beben wie ein Weib? beben vor einem Weib? – Nein, ein Weib erschüttert meine Mannheit nicht – Blut, Blut! Es ist nur ein Anstoß vom Weibe – Blut muss ich saufen, es wird vorübergehen. *(Er will davon fliehn.)*

AMALIA *(fällt ihm in die Arme)*: Mörder! Teufel! Ich kann dich Engel nicht lassen.

R. MOOR *(schleudert sie von sich)*: Fort, falsche Schlange, du willst einen Rasenden höhnen, aber ich poche dem Tyrannen Verhängnis – was, du weinest? Oh ihr losen, boshaften Gestirne! Sie tut, als ob sie weine, als ob um mich eine Seele weine! *(Amalia fällt ihm um den Hals.)* Ha was ist das? Sie speit mich nicht an, stößt mich nicht von sich – Amalia! Hast du vergessen? weißt du auch, wen du umarmest, Amalia?

poche: widersetze mich

losen: leichtfertig

speit: spuckt

AMALIA: Einziger, Unzertrennlicher!

R. MOOR *(aufblühend, in ekstatischer Wonne)*: Sie vergibt mir, sie liebt mich! Rein bin ich, wie der Äther des Himmels, sie liebt mich. – Weinenden Dank dir, Erbarmer im Himmel! *(Er fällt auf die Knie und weinet heftig.)* Der Friede meiner Seele ist wiedergekommen, die Qual hat ausgetobt, die Hölle ist nicht mehr – Sieh, o sieh, die Kinder des Lichts weinen am Hals der weinenden Teufel – *(Aufstehend, zu den Räubern.)* So weinet doch auch! weinet, weinet, ihr seid ja so glücklich – O Amalia! Amalia! Amalia! *(Er hängt an ihrem Mund, sie bleiben in stummer Umarmung.)*

EIN RÄUBER *(grimmig hervortretend)*: Halt ein, Verräter! – Gleich lass diesen Arm fahren – oder ich will dir ein Wort sagen, dass dir die Ohren gellen, und deine Zähne vor Entsetzen klappern! *(Streckt das Schwert zwischen beide.)*

EIN ALTER RÄUBER: Denk' an die böhmischen Wälder! Hörst du? zagst du? – an die böhmischen Wälder sollst du denken! Treuloser, wo sind deine Schwüre? Vergisst man Wunden so bald? da wir Glück, Ehre und Leben in die Schanzen schlugen für dich? Da wir standen wie Mauren, auffingen wie Schilder die Hiebe, die einem Leben galten, – hubst du da nicht deine Hand zum eisernen Eid auf, schwurest, uns nie zu verlassen, wie

in die Schanze schlagen: aufs Spiel setzen

wir dich nicht verlassen haben? – Ehrloser! Treuvergessener! Und du willst abfallen, wenn eine Metze greint?

EIN DRITTER RÄUBER: Pfui, über den Meineid! Der Geist des geopferten Rollers, den du zum Zeugen aus dem Totenreich zwangest, wird erröten über deine Feigheit, und gewaffnet aus seinem Grab steigen, dich zu züchtigen.

DIE RÄUBER *(durcheinander, reißen ihre Kleider auf)*: Schau her, schau! Kennst du diese Narben? du bist unser! Mit unserem Herzblut haben wir dich zum Leibeigenen angekauft, unser bist du, und wenn der Erzengel Michael mit dem Moloch ins Handgemenge kommen sollte! – Marsch mit uns, Opfer um Opfer! Amalia für die Bande!

Erzengel […] Handgemenge: der Jüngste Tag

R. MOOR *(lässt ihre Hand fahren)*: Es ist aus! – Ich wollte umkehren und zu meinem Vater gehn, aber der im Himmel sprach, es soll nicht sein. *(Kalt.)* Blöder Tor ich, warum wollt' ich es auch? Kann denn ein großer Sünder noch umkehren? Ein großer Sünder kann nimmermehr umkehren, das hätt' ich längst wissen können – Sei ruhig, ich bitte dich, sei ruhig! So ist's ja auch recht – Ich habe nicht gewollt, da er mich suchte, itzt, da ich Ihn suche, will er nicht, was ist billiger? – Rolle doch deine Augen nicht so – er bedarf ja meiner nicht. Hat er nicht Geschöpfe die Fülle? Einen kann er so leicht missen, und dieser eine bin nun ich. – Kommt, Kameraden!

billig: angemessen

AMALIA *(reißt ihn zurück)*: Halt, halt! Einen Stoß! Einen Todesstoß! Neu verlassen! Zeuch dein Schwert, und erbarme dich!

zeuch: zieh

R. MOOR: Das Erbarmen ist zu den Bären geflohen – ich töte dich nicht!

AMALIA *(seine Knie umfassend)*: Oh um Gottes willen, um aller Erbarmungen willen! Ich will ja nicht Liebe mehr, weiß ja wohl, dass droben unsere Sterne feindlich von einander fliehen, – Tod ist meine Bitte nur. – Verlassen, verlassen! Nimm es ganz in seiner entsetzlichen Fülle, verlassen! Ich kann's nicht überdulden. Du siehst ja, das kann kein Weib überdulden. Tod ist meine Bitte nur! Sieh, meine Hand zittert! Ich habe das Herz nicht, zu stoßen. Mir bangt vor der blitzenden Schneide – dir ist's ja so leicht, so leicht, bist ja Meister im Morden, zeuch dein Schwert, und ich bin glücklich!

überdulden: erdulden

R. MOOR: Willst du allein glücklich sein? Fort, ich töte kein Weib!

AMALIA: Ha Würger! du kannst nur die Glücklichen töten, die Lebenssatten gehst du vorüber. *(Kriecht zu den Räubern.)* So erbarmet euch meiner, ihr Schüler des Henkers! – Es ist ein so blutdürstiges Mitleid in euren Blicken, das dem Elenden Trost ist – euer Meister ist ein eitler feigherziger Prahler.

R. MOOR: Weib, was sagst du? *(Die Räuber wenden sich ab.)*

AMALIA: Kein Freund? auch unter diesen nicht ein Freund? *(Sie steht auf.)* Nun denn, so lehre mich Dido sterben! *(Sie will gehen, ein Räuber zielt.)*

Dido: *röm. Mythologie* Dido, Königin von Karthago, ersticht sich aus Liebeskummer

R. MOOR: Halt! Wag' es – Moors Geliebte soll nur durch Moor sterben! *(Er ermordet sie.)*

DIE RÄUBER: Hauptmann! Hauptmann! Was machst du? bist du wahnsinnig geworden?

R. MOOR *(auf den Leichnam mit starrem Blick)*: Sie ist getroffen! Dies Zucken noch, und dann wird's vorbei sein – Nun, seht doch! Habt ihr noch was zu fordern? Ihr opfertet mir ein Leben auf, ein Leben, das schon nicht mehr euer war, ein Leben voll Abscheulichkeit und Schande – ich hab' euch einen Engel geschlachtet. Wie, seht doch recht her! Seid ihr nunmehr zufrieden?

GRIMM: Du hast deine Schuld mit Wucher bezahlt. Du hast getan, was kein Mann würde für seine Ehre tun. Komm itzt weiter!

Wucher: hohe Zinsen

R. MOOR: Sagst du das? Nicht wahr, das Leben einer Heiligen um das Leben der Schelmen, es ist ungleicher Tausch? – O ich sage euch, wenn jeder unter euch aufs Blutgerüste ging', und sich ein Stück Fleisch nach dem andern mit glühenden Zangen abzwicken ließ', dass die Marter elf Sommertage dauerte, es wöge diese Tränen nicht auf. *(Mit bitterem Gelächter.)* Die Narben, die böhmischen Wälder! Ja, Ja! dies musste freilich bezahlt werden.

SCHWARZ: Sei ruhig, Hauptmann! Komm mit uns, der Anblick ist nicht für dich. Führe uns weiter.

R. MOOR: Halt – noch ein Wort, eh wir weitergehn – Merket auf, ihr schadenfrohen Schergen meines barbarischen Winks – Ich höre von diesem Nun an auf, euer Hauptmann zu sein. Mit Scham und Grauen leg' ich hier diesen blutigen Stab nieder, worunter zu freveln ihr euch berechtigt wähntet, und mit Werken der Finsternis dies himmlische Licht zu besudeln – Gehet hin zur Rechten und Linken – Wir wollen ewig niemals gemeine Sache machen.

RÄUBER: Ha Mutloser! Wo sind deine hochfliegenden Plane? Sind's Seifenblasen gewesen, die beim Hauch eines Weibes zerplatzen?

R. MOOR: O über mich Narren, der ich wähnete, die Welt durch Gräuel zu verschönern, und die Gesetze durch Gesetzlosigkeit aufrecht zu halten. Ich nannte es Rache und Recht – Ich maßte mich an, o Vorsicht, die Scharten deines Schwerts auszuwetzen und deine Parteilichkeit gut zu machen – aber – o eitle Kinderei – da steh' ich am Rand eines entsetzlichen Lebens, und erfahre nun mit Zähnklappern und Heulen, dass zwei Menschen, wie ich, den ganzen Bau der sittlichen Welt zu Grund richten würden. Gnade – Gnade dem Knaben, der Dir vorgreifen wollte – Dein eigen

Vorsicht: *hier* Vorsehung

allein ist die Rache. Du bedarfst nicht des Menschen Hand. Freilich steht's nun in meiner Macht nicht mehr, die Vergangenheit einzuholen – schon bleibt verdorben, was verdorben ist – was ich gestürzt habe, steht ewig niemals mehr auf – Aber noch blieb mir etwas übrig, womit ich die beleidigten Gesetze versöhnen, und die misshandelte Ordnung wiederum heilen kann. Sie bedarf eines Opfers – eines Opfers, das ihre unverletzbare Majestät vor der ganzen Menschheit entfaltet – diese Opfer bin ich selbst. Ich selbst muss für sie des Todes sterben.

RÄUBER: Nehmt ihm den Degen weg – Er will sich umbringen.

R. MOOR: Toren ihr! Zu ewiger Blindheit verdammt! Meinet ihr wohl gar: eine Todsünde werde das Äquivalent gegen Todsünden sein, meinet ihr, die Harmonie der Welt werde durch diesen gottlosen Misslaut gewinnen? *(Wirft ihnen seine Waffen verächtlich vor die Füße.)* Er soll mich lebendig haben. Ich geh', mich selbst in die Hände der Justiz zu überliefern.

Äquivalent: Gegenwert

RÄUBER: Legt ihn in Ketten! Er ist rasend worden.

R. MOOR: Nicht, als ob ich zweifelte, sie werde mich zeitig genug finden, wenn die obern Mächte es so wollen. Aber sie möchte mich im Schlaf überrumpeln, oder auf der Flucht ereilen, oder mit Zwang und Schwert umarmen, und dann wäre mir auch das einige Verdienst entwischt, dass ich mit Willen für sie gestorben bin. Was soll ich gleich einem Diebe ein Leben länger verheimlichen, das mir schon lang im Rat der himmlischen Wächter genommen ist?

RÄUBER: Lasst ihn hinfahren! Es ist die Großmannsucht. Er will sein Leben an eitle Bewunderung setzen.

R. MOOR: Man könnte mich darum bewundern. *(Nach einigem Nachsinnen.)* Ich erinnere mich, einen armen

Schelm gesprochen zu haben, als ich herüberkam, der im Taglohn arbeitet und elf lebendige Kinder hat – Man hat tausend Louisdore geboten, wer den großen Räuber lebendig liefert. Dem Mann kann geholfen werden. *(Er geht ab.)*

Schelm: *hier* Schlucker, Kerl

Sachinformationen

Aufklärung

Auf die Frage, was ist Aufklärung, lieferte Immanuel Kant die alles leitende und bestimmende Antwort:

»Aufklärung ist der Ausgang des Menschen aus seiner selbst verschuldeten Unmündigkeit. Unmündigkeit ist das Unvermögen, sich seines Verstandes ohne Leitung eines anderen zu bedienen. Selbstverschuldet ist diese Unmündigkeit, wenn die Ursache derselben nicht am Mangel des Verstandes, sondern der Entschließung und des Mutes liegt, sich seiner ohne Leitung eines anderen zu bedienen. Sapere aude! Habe Mut dich deines eigenen Verstandes zu bedienen! ist also der Wahlspruch der Aufklärung.« (Kant 1789, 481)

Diesen Gedanken liegt die Erkenntnis zu Grunde, dass die Menschen gleich sind und sich nur durch ihre Fähigkeiten voneinander unterscheiden. Mittels des eigenen Verstandes und der menschlichen Vernunft ist jeder dazu in der Lage, die Welt in ihrer Vielschichtigkeit zu erfassen. Dies erfolgt sowohl rational durch das Aufdecken logischer Zusammenhänge als auch emotional durch die eigenen Erfahrungen. Um in allen Lebensbereichen Probleme und Konflikte vernünftig und gewinnbringend lösen zu können, muss man die jeweiligen Bedingungen und Umstände also zunächst genau erfassen. Damit gewinnt das Individuum an Stellenwert, das eigene Gefühl sowie das eigene Ich rücken stärker in den Mittelpunkt und der Einzelne entwickelt ein Bewusstsein seines Selbst.

Diese Erkenntnis führte im 18. Jahrhundert zu einem kritischen Denken und Überdenken auch von religiösen Dogmatismen und der damals etablierten Ständeordnung. Besonders das Bürgertum, welches im Handel- und Handwerkssektor aufstrebte, verinnerlichte zur Abgrenzung vom Adel die Gedanken der Aufklärung.

Dies bedeutete allerdings nicht, dass die Menschen – wie Kant feststellte – in einem »aufgeklärten Zeitalter«, lebten, aber doch in »einem Zeitalter der Aufklärung«. (Kant 1789, 491) Der Aufklärungsgedanke, welcher die europäische Gesellschaft immens geprägt hat, beinhaltete die Erkenntnis eines beständigen Prozesses, der letztlich nie beendet sein würde. Dieser Grundgedanke ist in unserem Zeitalter im Bildungsauftrag deutscher Schulen verankert. So besteht weiterhin ein Ziel – auch wenn es in neueren Rahmenlehrplänen so nicht mehr formuliert ist – in der Vermittlung einer allgemeinen und umfassenden Bildung, um die Schüler/innen »zur mündigen Gestaltung des Lebens in einer demokratisch verfassten Gesellschaft zu befähigen«. (NRW 1996, 11) Sie sollen die Möglichkeit erhalten, »individuelle Anlagen zu entfalten und eigene handlungsbestimmende Werthaltungen aufzubauen«. (NRW 1996, 11)

Das Zeitalter der Aufklärung setzte somit einen entscheidenden gesellschaftlichen Prozess in Gang, welcher die Gesellschaft nachhaltig verändern und prägen sollte.

Literatur

Bahr, Ehrhard (Hrsg.): Was ist Aufklärung? Thesen und Definitionen. Stuttgart: Reclam 2008.

Kant, Immanuel: Beantwortung der Frage: Was ist Aufklärung? In: Berlinische Monatsschrift. Dezember-Heft 1784. S. 481–494.

Auch in: ders: Werke in sechs Bänden. Hrsg. Wilhelm Weischedel. Frankfurt a. M.: Insel Verlag 1964, S. 53–61.

Meyer, Annette: Die Epoche der Aufklärung. Berlin Akademie Verlag 2010.

Ministerium für Schule und Weiterbildung des Landes Nordrhein-Westfalen (Hrsg.): Richtlinien und Lehrpläne für das Gymnasium – Sekundarstufe I – in Nordrhein-Westfalen. Frechen: Ritterbach Verlag 1996, S. 11.

Schneiders, Werner (Hrsg.): Lexikon der Aufklärung: Deutschland und Europa. München: C. H. Beck 1995.

Räuberbanden

Die Räuberbanden haben in Deutschland eine lange Geschichte und Tradition. Besonders im 18. und 19. Jahrhundert, als Armut immer mehr zu einem gesellschaftlichen Problem wurde, schlossen sich Räuber in Banden zusammen und pflegten untereinander Kontakte. Manche dieser Gruppen hatten mehr als 50 Jahre Bestand und zählten bis zu 100 Mitglieder.

Unsere heutigen Vorstellungen von Räubern sind besonders durch die Literatur des ausgehenden 18. Jahrhunderts geprägt. Dort wurde der Räuber zu einem edlen, mutigen, fürsorglichen und großzügigen Helden idealisiert, der sich gegen das absolutistische System auflehnte und mit seinen Mitteln gegen die bestehende Ordnung und für Gerechtigkeit kämpfte (u. a. Friedrich Schillers *Der Verbrecher aus verlorener Ehre,* 1786, Christian August Vulpius' *Rinaldo Rinaldini, der Räuberhauptmann,* 1799–1801 und Heinrich Zschokkes *Abällino, der große Bandit,* 1793).

Oft waren es jedoch Heimat- und Mittellose, die sich zusammenfanden, da sie darin die Möglichkeit sahen zu überleben. Viele ehemalige Soldaten, Bauern oder Handwerker, die Not

litten oder sich von dem absolutistischen System ausgenutzt oder ausgestoßen fühlten und ein freies, selbstbestimmtes Leben führen wollten, schlossen sich Räuberbanden an.
Um ein Überleben innerhalb der Bande zu sichern, brachte jedes Mitglied seine besonderen Fähigkeiten ein. Gemeinsam begingen sie Diebstähle und Raubzüge, bei denen es auch zu Gewalttaten, Vergewaltigungen, Mord und Totschlag kam.
Durch diese Verbrechen und durch ihr selbstbestimmtes Leben wendeten sie sich zwar vom absolutistischen Staat ab und rebellierten gegen das Staatssystem. Sie beabsichtigten allerdings nicht, neue Formen des gesellschaftlichen Zusammenlebens zu schaffen oder ein neues politisches Konzept zu entwerfen.
Vielmehr entwickelten sie innerhalb ihrer sozialen Gruppe ihr eigenes Werte- und Normensystem, ihre eigene Sprache sowie ihren besonderen Ehrbegriff. Dieses System wurde an die folgenden Generationen der Räuber weitergegeben. An oberster Stelle des Ehrenkodexes stand die uneingeschränkte Solidarität den Mitgliedern der Räuberbande sowie der absolute Gehorsam dem Räuberhauptmann gegenüber. Diese Verbundenheit wurde oft durch einen Treueid besiegelt. Außerdem wäre eine Resozialisation in das bürgerliche Leben nur schwer möglich gewesen, da selbst kleinere Delikte meist mit dem Tode bestraft wurden. Die Räuberbanden bildeten somit eine aufs Äußerste geregelte und organisierte Welt außerhalb der bürgerlichen Gesellschaft.

Literatur

Benjamin, Walter: Räuberbanden im alten Deutschland. In: ders.: Gesammelte Schriften. Band 7. Frankfurt a. M.: Suhrkamp 1991, S. 152–159.

Küther, Carsten: Räuber und Gauner in Deutschland. Das organisierte Bandenwesen im 18. und frühen 19. Jahrhundert. Göttingen: Vandenhoeck & Ruprecht 1976.

Reitz, Manfred: Schinderhannes und Spießgesellen. Kleine Geschichte der Räuber und Ritter. Ostfildern: Thorbecke 2007.

Sturm und Drang

Der Sturm und Drang war keine eigene Kunstepoche, sondern eher eine Art »Jugendkultur«, ein Lebensgefühl, dem sich junge Schriftsteller zwischen 1767 und 1785 verpflichtet fühlten. Ihnen gemeinsam war das Streben nach eigener Freiheit und Selbstverwirklichung. Die Stürmer und Dränger richten sich gegen die Willkür des Adels sowie die Unterdrückung des Individuums in einem absolutistischen System.
Als ästhetische Bewegung wandten sie sich mit einigem Erfolg gegen die literarische »Vätergeneration«, die Aufklärer. War es in der Aufklärung der Verstand, auf den sich der Einzelne berufen sollte, so war es im Sturm und Drang das Gefühl und das Empfinden des einzelnen Menschen. Dies fußte auf der Erkenntnis, dass sich die ganzheitliche Entfaltung des Menschen nicht nur auf die Ratio (lat. Vernunft, Verstand), sondern auch auf die Emotio (lat. Gefühl) bezieht.
Gefühl, Leidenschaft und Liebe standen im Zentrum und wendeten sich gegen die bürgerlichen Moral- und Tugendvorstellungen der Zeit. Es entwickelte sich ein regelrechter Freundschafts- und Gefühlskult. Besonders in Goethes *Werther* (1774), der den Beginn des modernen deutschen Romans bedeutet, wurde das Gefühl und das eigene Empfinden zelebriert. Die Leser identifizierten sich in einem so hohen Maße mit der Briefe schreibenden Figur des Werther', dessen Liebe zu Lotte unerfüllt bleibt, dass dieser Roman eine Welle von Selbstmorden bzw. Selbstmordversuchen auslöste. Auch in der Mode etablierte sich die »Wertherkleidung« als blauer Rock mit messingnen Knöpfen, gelber Weste und gelben Hosen.
Das Individuum wurde als einzigartig und bedeutsam gefeiert. Die Dichter lebten in dem Selbstbewusstsein und -verständnis, etwas Neues und Einzigartiges kreieren zu können. Das Originalgenie war es, das es fertigbrachte, diesem Gefühl, dieser Leidenschaft eine angemessene literarische Form zu geben. Vor allem William Shakespeare galt den jungen Dichtern als

ein solches: Nicht Nachahmung des künstlerisch schon Dagewesenen, sondern das direkte Schöpfen aus der Natur machte ihnen das Originalgenie aus. Deshalb gewann bei den Stürmern und Drängern die Natur einen neuen Stellenwert und wurde wieder in ihrer Ursprünglichkeit und Vielfältigkeit erlebt und erfahren.
Den Begriff allerdings entlehnte man erst in der ersten Hälfte des 19. Jahrhunderts dem Schauspiel des Dichters Friedrich Maximilian Klinger *Sturm und Drang* (1776), zu einer Zeit also; in der die »Jungen Wilden« bereits alte Männer oder – wie Schiller – bereits lange gestorben waren.
Der Begriff suggeriert eine relativ homogene, auch im Nachhinein gesellschaftlich anerkannte Jugendbewegung. Dies sahen die Zeitgenossen jedoch anders. Der Sprachforscher Johann Heinrich Campe schrieb 1813: »In neuern Zeiten wäre das Wort Genie beinahe zu einem Spott- und Schimpfnamen herabgesunken, weil einige junge Brauseköpfe ohne Erziehung und Ausbildung, welchen es aber nicht an hervorstechenden Fähigkeiten mangelte, eine Zeitlang so viel Unfug in der Gelehrtenwelt trieben, dass der Name Genie, den sie sich selbst beilegten, dadurch gleichbedeutend, wo nicht gar mit Tölpel, doch mit Schwindel- oder Brausekopf, und mit Kraftmann oder Kraftmännchen, ward.« (Campe, 1813, 336)
Was aber bis heute aus diesen Zeilen deutlich wird, ist das Rebellische und das Ungestüme, aber auch das Irritierende, das die Stürmer und Dränger verbreiteten.

Literatur

Campe, Johann Heinrich: Wörterbuch zur Erklärung und Verdeutschung der unserer Sprache aufgedrungenen fremden Ausdrücke.
Ein Ergänzungsband zu Adelungs Wörterbuch, Bd. 2.
Braunschweig: Schulbuchhandlung 1813.

Jens, Tilman: Goethe und seine Opfer. Eine Schmähschrift.
Düsseldorf: Patmos 1999.

Kaiser, Gerhard: Aufklärung, Empfindsamkeit, Sturm und Drang. 6. Aufl. Tübingen: Niemeyer 2007 (UTB).

Karthaus, Ulrich: Sturm und Drang. Epoche, Werke, Wirkung. München: C. H. Beck Verlag 2000.

Luserke, Matthias: Sturm und Drang – Autoren – Texte – Themen. Stuttgart: Reclam 1997.

Plachta, Bodo, Winfried Woesler (Hrsg.): Sturm und Drang. Geistiger Aufbruch 1770–1790 im Spiegel der Literatur. Tübingen: Niemeyer 1997.